C.H.BECK ◩ WISSEN

in der Beck'schen Reihe

Die Scharia ist im Westen weithin zum Schreckensbegriff geworden, der mit drakonischen Strafen und der Ungleichbehandlung von Frauen und Männern, Muslimen und Nichtmuslimen in Verbindung gebracht wird. Für viele Muslime ist die Scharia dagegen ein wesentlicher Teil ihres Selbstverständnisses. Mathias Rohe will mit seiner allgemeinverständlichen Einführung zur Versachlichung der Diskussion beitragen. Er erklärt, auf welche Quellen das Recht der Scharia zurückgeht, welches die wesentlichen Inhalte des klassischen islamischen Rechts sind und wie es sich gegenwärtig in der islamischen Welt, aber auch in Deutschland und Europa entwickelt. Besonderes Augenmerk gilt dabei unter anderem dem im Westen heftig umstrittenen islamischen Ehe- und Familienrecht sowie den Menschenrechten.

Mathias Rohe, geb. 1959, Jurist und Islamwissenschaftler, ist Professor für Bürgerliches Recht, Internationales Privatrecht und Rechtsvergleichung an der Universität Erlangen-Nürnberg sowie Gründungsdirektor des Erlanger Zentrums für Islam und Recht in Europa. Von ihm erschien bei C.H.Beck bereits das umfangreiche Standardwerk «Das islamische Recht. Geschichte und Gegenwart» (³2011)

Mathias Rohe

DAS ISLAMISCHE RECHT

Eine Einführung

Verlag C.H.Beck

Originalausgabe
© Verlag C.H.Beck oHG, München 2013
Satz: Fotosatz Amann, Aichstetten
Druck und Bindung: Druckerei C.H.Beck, Nördlingen
Umschlaggestaltung: Verlag C.H.Beck
Reihengestaltung: Uwe Göbel, München
Umschlagbild: Münze aus dem Sultanat Sansibar und Pemba, 1 Paisa,
1304/1886, Privatsammlung
Printed in Germany
ISBN 978 3 406 64662 1

www.beck.de

Inhalt

6. Perspektiven 111

7. Schlussbetrachtung 115

Vorwort

Am islamischen Recht scheiden sich die Geister. Im Westen ist es weithin zum Schreckensbegriff geworden und steht für Menschenrechtsverstöße durch archaische Strafpraktiken und Ungleichbehandlung von Geschlechtern und Religionen. Grundgesetz oder Scharia – diese Alternative wird in der politischen Debatte in Deutschland immer wieder formuliert. Auf der einen Seite verbreiten Islamhasser Parolen wie «Maria statt Scharia», auf der anderen Seite ist das islamische Recht für viele – nicht alle – Muslime eine wichtige Bezugsquelle ihres kulturellen Verständnisses. Die islamische Kultur wurde und wird von ihm in erheblichem Umfang geprägt.

Der vorliegende Band soll dazu dienen, zu klären, auf welchen Grundlagen das islamische Recht beruht, welches seine wesentlichen Inhalte waren und sind und wie es sich in der Gegenwart in der islamischen Welt entwickelt. Bei der Darstellung der weitgehend unbekannten Vielfalt seiner Methoden und Ausprägungen in Vergangenheit und Gegenwart wird ausführlich auf interreligiös bedeutsame Rechtsaspekte sowie auf die Gründe und Grenzen der Anwendung islamischer Normen in Deutschland und Europa eingegangen.

Ausgangspunkt ist die Feststellung, dass auch islamisches Recht die Funktionen einer Rechtsordnung erfüllt, also «Recht» ist. Das gilt unabhängig von den jeweiligen Inhalten, die hier wie in anderen Rechtsordnungen dem Wandel der Anschauungen unterliegen. Der Verfasser erspart sich und den Lesern deshalb inhaltliche Stellungnahmen aus der Sicht des geltenden Rechts. Von einem Autor, der über das Römische Recht arbeitet, wird nicht erwartet, dass er sich z.B. von Sklavenhaltung, Folter und patriarchalischer Unterdrückung distanziert; die Annahme einer Identifikation wäre absurd. Dasselbe darf ein Wissenschaftler beanspruchen, der sich mit dem islamischen Recht befasst.

Eine historische Einordnung kann nur gelingen, wenn auf asymmetrische Vergleiche verzichtet wird. Vieles von dem, was heute am traditionellen islamischen Recht anstößig wirkt, war teils bis vor wenigen Jahrzehnten auch Bestandteil europäischer Rechtsordnungen.

Dieses Buch richtet sich an interessierte Laien; Vorkenntnisse in islamwissenschaftlichen oder juristischen Fragen sind nicht erforderlich. Der wissenschaftliche Anspruch soll durch den Inhalt eingelöst werden, nicht durch die in wissenschaftlichen Publikationen üblichen Fachbegriffe und Apparate. Deshalb wird auf arabische Fachterminologie über geläufige Begriffe hinaus weitestgehend verzichtet. Die Umschrift arabischer Wörter ist zur leichteren Lesbarkeit eingedeutscht. Der des Arabischen Kundige wird sie unschwer auf die Urform zurückführen können. Mit der Entwicklung einer neuen islamischen Geisteswelt in Deutschland erscheint es zudem angemessen, Schlüsselbegriffe der allgemeinen Kommunikation zugänglich zu machen: Auch sprachlich gehört der Islam mittlerweile zu Deutschland. Übersetzungen aus dem Koran sind der Übertragung von Hartmut Bobzin (*Der Koran,* München 2010) entnommen.

Statt einer Fülle von Einzelverweisen wird eher summarisch auf weiterführende Quellen verwiesen. Wer sich vertieft mit der Materie befassen will, sei auf mein umfangreiches Buch zum islamischen Recht hingewiesen (*Das islamische Recht. Geschichte und Gegenwart,* 3. Aufl. München 2011). Grundbegriffe des Islam erklärt Heinz Halm in seinem Band *Der Islam. Geschichte und Gegenwart.*

Ulrich Nolte vom Verlag C.H.Beck gebührt herzlicher Dank für die Anregung zu diesem Buch und die gewohnt freundlich-professionelle Betreuung. Ebensolcher Dank sei Martin Herzog und Sabine Höllmann für das sorgfältige und verständige Lektorat ausgesprochen.

I. Islam, Scharia und Recht: die Grundlagen

Dieses Buch befasst sich mit dem islamischen Recht. Es trägt nicht den Titel «Scharia». Aber ist das nicht deckungsgleich? Tatsächlich wird der Begriff «Scharia» nicht selten mit «islamisches Recht» übersetzt, was jedoch, wenn man das übliche Verständnis von «Recht» anlegt, verkürzt und falsch ist.

Was aber ist dann die Scharia (arab. der «gebahnte Weg»; vgl. Sure 45,18)? Aus der Sicht schriftorientierter Muslime stellt sie einen zentralen Bestandteil des Islam (arab. «Selbstunterwerfung unter Gott») dar. Diese Unterwerfung wird zumindest in der Theorie umfassend verstanden. Sie betrifft die religiöse Praxis (z. B. Ritualgebet, Pilgerfahrt etc.) sowie die Regelung menschlicher Beziehungen und ist sowohl auf das Diesseits wie auf das Jenseits ausgerichtet. Die vergleichsweise wenigen rechtlichen Vorschriften stellen nur einen kleinen Teil dar. Der Oberbegriff für beide Bereiche ist «Scharia».

Viele Nichtmuslime, aber auch manche Muslime beschränken hingegen die Scharia auf die rechtlichen Normen des Familien- und Erbrechts, des drakonischen koranischen Strafrechts und des (sehr unpräzisen) Staatsorganisationsrechts einschließlich der Regelungen, welche die religiösen Minderheiten betreffen. Hier öffnen sich in der Tat Konfliktfelder zwischen traditionellen muslimischen Interpretationen und den Menschenrechten. In der Debatte ist also präzise danach zu unterscheiden, welchem Verständnis man folgt.

Während der engere Begriff von Scharia tatsächlich nur bestimmte (bei weitem nicht alle!) Bereiche des islamischen *Rechts* erfasst, greift der von den Gelehrten in der Regel angelegte weite Begriff deutlich über das Recht hinaus. Er beinhaltet im Grunde das gesamte System der islamischen Normenlehre einschließlich der Methoden für deren Auffindung und Interpretation. Diese Normen können rechtlichen oder aber religiösen

Charakter haben und werden seit dem 8. Jahrhundert in den Werken des sogenannten Fiqh (oft als «Jurisprudenz» übersetzt) behandelt. Der große nordafrikanische Gelehrte Ibn Chaldun (1332–1406) definiert den Fiqh in seinem monumentalen Werk *al-Muqaddima* («Vorwort») folgendermaßen:

«Der Fiqh ist die Kenntnis der Bestimmungen Gottes des Erhabenen zur Einordnung der Handlungen derjenigen, die diesen Bestimmungen jeweils unterworfen sind, als geboten, verboten, empfohlen, missbilligt und schlicht erlaubt, die aus dem Koran, der Sunna und dem, was der Gesetzgeber (Gott) als weitere Quellen und Instrumente zu ihrer Erkenntnis bereitgestellt hat, entnommen werden, und wenn die Bestimmungen durch diese Quellen und Auslegungsinstrumente herausgefunden werden, so nennt man sie Fiqh.»

Nach Ibn Chaldun herrschte im Hinblick auf diese Erkenntnisvorgänge seit der Frühzeit des Islam Uneinigkeit. Diese Uneinigkeit bezeichnet er als geradezu unvermeidlich, sowohl aus Gründen sprachlicher Mehrdeutigkeit als auch wegen unterschiedlicher Überlieferungen und Methoden der Verifizierung von Normen. Die strukturelle Unsicherheit stellt also notwendigerweise menschliche Erkenntnisprozesse in den Mittelpunkt der Materie. Damit wird der Anspruch, es handele sich um gottgegebenes Recht, weitestgehend relativiert. Der Umgang mit der islamischen Normenlehre im Diesseits ist jedenfalls ausschließlich ein Produkt menschlicher Tätigkeit. Das entspricht auch der Auffassung neuzeitlicher muslimischer Gelehrter.

Die wesentliche Unterscheidung zwischen Religion und Recht liegt *nicht* im Anspruch auf Verbindlichkeit: Sowohl religiöse als auch rechtliche Normen beanspruchen solche Verbindlichkeit. Maßgebliche Unterschiede finden sich vielmehr in der Zielrichtung der Verbindlichkeit und der irdischen Durchsetzung von Normen. Religiöse Normen wie die sogenannten fünf Säulen des Islam (Bekenntnis zum einen Gott und seinem Gesandten Muhammad; tägliche Ritualgebete; Almosengabe; Fasten im Monat Ramadan; Pilgerfahrt nach Mekka im vorgesehenen Monat) betreffen das Verhältnis zwischen Mensch und Gott. Wer sie verletzt, begeht eine Sünde. Rechtsnormen hingegen regeln das Verhältnis zwischen Menschen sowie zwischen Mensch und Staat im Diesseits. Wer sie nicht einhält, wird mit diesseitigen Sanktionen belegt.

Diese Unterscheidung ist auch in den Fiqh-Werken angelegt, die in voneinander getrennten Kapiteln «gottesdienstliche Handlungen» (Ibadat) einerseits und «zwischenmenschliche Beziehungen» (Mu'amalat) andererseits behandeln. Auch die normativen Bewertungen sind unterschiedlich: Was aus religiöser Sicht verboten (haram, daher der «Harem» als Bereich von Zutrittsverboten) ist, kann dennoch rechtlich gültig sein. So besteht unter den klassischen Gelehrten weitgehend Einigkeit darüber, dass Kaufgeschäfte zur Hauptgebetszeit am Freitagmittag religiös verboten sind. Dennoch abgeschlossene Verträge werden aber meist als wirksam erachtet.

Ebenfalls schon in der Frühzeit des Islam wurde erörtert, ob und inwieweit Muslime außerhalb muslimisch beherrschten Territoriums die Normen des Islam einhalten müssen. Hier ist man sich wiederum überwiegend einig, dass religiöse Normen wie z. B. diejenigen, die das Ritualgebet betreffen, grundsätzlich auch dort zu befolgen seien. Ist das aufgrund der äußeren Umstände nicht möglich, so muss man solche Regionen meiden bzw. verlassen. Die Rechtsnormen des Islam dagegen setzen eine entsprechende Struktur staatlicher Durchsetzung voraus, die dort gerade nicht gegeben ist. Erhält der Muslim Sicherheit für Leib und Leben, so ist es für ihn sogar geboten, das dort geltende Recht zu respektieren. So sehen es traditionell orientierte Muslime bis heute.

Ein Mischbereich zwischen Recht und Religion entsteht nur dann, wenn die Verletzung religiöser Normen zugleich mit Sanktionen im Diesseits geahndet wird, beispielsweise beim Abfall vom Islam, der nach traditioneller Auffassung mit dem Tode bestraft wird, oder im Falle von Religionsdiktaturen wie Saudi-Arabien, wo eine Gebetspolizei darüber wacht, dass die Rituale eingehalten werden. Nicht wenige Muslime betrachten den Fiqh zudem – allerdings meist nur in seinen familien- und erbrechtlichen Anteilen – als essentiellen Bestandteil ihres religiös-kulturellen Erbes. Auch Vertreter des politischen Islam (Islamisten) sehen dies weitgehend so, genauso wie viele Traditionalisten, die bis heute in bedeutenden Teilen der islamischen Welt starken Einfluss haben. Unter Muslimen im Westen, aber auch in mehrheitlich muslimischen Staaten wie Albanien, der Türkei und den zentralasiatischen Republiken ist diese Auffassung dagegen nur die Position einer kleinen Minderheit.

Es wäre sachlich verfehlt, die neuzeitliche Islamistenparole von der Einheit von Staat und Religion zu übernehmen und ihre Auffassung gar zur einzig «richtigen» zu stilisieren, wie dies gelegentlich selbst bei einzelnen Islamwissenschaftlern mit limitiertem Verständnis für Rechtsfragen erkennbar wird. Dies gilt umso mehr, als auch die international immer noch starken religiösen Traditionalisten an den meisten Bereichen des Rechts jenseits von Familien- und Erbrecht kaum Interesse zeigen.

Für die im Islam ebenfalls bestehende Trennung zwischen Recht und Religion ist es nicht von Bedeutung, dass sowohl religiöse als auch rechtliche Normen nach traditioneller Auffassung als von Gott gegeben angesehen werden. Immer sind es Menschen, die auf dem Wege der Auslegung entscheiden müssen, ob eine Norm zu jeder Zeit, an jedem Ort und für jeden Menschen in jeder Lebenssituation gilt oder nicht. So erklärt sich die Unterscheidung zwischen Scharia und Recht (Fiqh), die z. B. der Großmufti von Bosnien Mustafa Cerić trifft: Während die Scharia ewig gelte, unterlägen die Rechtsfragen zeitlich wandelbaren Anschauungen.

Wer sich mit dem «islamischen Recht» befasst, kann, ja sollte sich also nicht nur nach europäischem Rechtsverständnis auf Rechtsnormen (unter Ausschluss rein religiöser Normen) beschränken, sondern auch die in der islamischen Normenlehre angelegte weitgehende Trennung beider Bereiche berücksichtigen. Damit soll keineswegs gesagt werden, dass religiöse Normen für Muslime weniger wichtig wären als rechtliche. Im Gegenteil: Die meisten Muslime halten die religiösen Aspekte ihrer Religion für entscheidend, während sie das geltende Recht – gerade auch in demokratischen Rechtsstaaten – respektieren und unterstützen. Rechtsverstöße erklären sich außerhalb des kleinen (durchaus gefährlichen) Spektrums von Extremisten gerade nicht aus der religiösen Haltung der Betroffenen. Zudem finden sich, wie noch zu zeigen sein wird, gelegentlich Überschneidungen beider Bereiche. Die Religion als solche ist aber schlicht nicht Gegenstand des Rechts, und es dient der Verständlichkeit ebenso wie der wissenschaftlichen Präzision, wenn sie nicht grundlos mit Rechtsfragen vermengt wird.

Obgleich sowohl religiöse als auch rechtliche Fragen im Islam mit einem Rückbezug auf Gottes Offenbarung und die Sendung Muhammads angegangen werden, nehmen auch die Autoren der klassischen Standardwerke inhaltliche Abgrenzungen vor. Einer der prominentesten sunnitischen «Theologen», al-Asch'ari (um 873 bis um 935), unterscheidet sehr deutlich zwischen Aufgabenbereich und Arbeitsweise der Theologie einerseits und der Rechtswissenschaft andererseits. Letztere befasse sich mit konkreten Einzelfragen, welche mit Hilfe der überlieferten Regeln der Scharia zu lösen seien, während die universellen Grundsatzfragen von jedem verstandesbegabten Muslim mittels allgemein anerkannter Prinzipien anzugehen seien, die sich auf Vernunftüberlegungen, Empfindungen, Intuition etc. stützen. Beide Sphären dürften nicht vermischt werden.

Dementsprechend werden auch von europäischen Gerichten Vorschriften religiös geprägter staatlicher Rechtsordnungen wie derjenigen islamischer Staaten oder Israels als *Rechts*normen verstanden und ebenso angewandt wie diejenigen anderer Rechtsordnungen.

2. Entwicklung, Quellen und Methoden

Recht entsteht nicht im luftleeren Raum. Auch «neue» Normen fügen sich in vorhandene Lebenskontexte und Gewohnheiten ein und können diese ihrerseits längerfristig prägen. Die Entwicklung des islamischen Rechts ist aufs Engste mit der dynamischen Entfaltung der islamischen Herrschaft seit dem frühen 7. Jahrhundert verknüpft. Eine maßgebliche Zäsur bildet dabei die Übersiedlung Muhammads und einer Schar seiner Getreuen von seiner Geburtsstadt Mekka in die nördlich gelegene Oase Yathrib, die später den Namen Medina (Stadt des Propheten) erhielt. Mit dieser sogenannten Hidschra (Auswanderung) im Jahr 622 begann die machtpolitische Etablierung des islamischen Gemeinwesens – zunächst in Medina, wenig später schon auf der gesamten arabischen Halbinsel und weit darüber hinaus. Dadurch stellten sich neue Aufgaben, bedurfte ein funktionsfähiges Gemeinwesen doch verlässlicher Rahmenbedingungen für menschliches Zusammenleben, Austausch und Konfliktlösung.

Bevor die berufenen Instanzen das Recht anwenden können, muss es zunächst ermittelt werden. In heutigen Zeiten umfangreicher, ja überbordender rechtlicher Regelungen für fast alle Lebensbereiche mag dies banal klingen. In der Vergangenheit stellte sich hier eine häufig schwer zu bewältigende Aufgabe. Gesetzliche Regelungen gab es nur wenige, immer wieder wurden Fälschungen von Normen in Umlauf gebracht, und die Meinungsvielfalt ließ belastbare einheitliche Beurteilungsgrundlagen oft kaum erkennen. So ist das traditionelle islamische Recht denn auch alles andere als ein klar konturiertes Gesetzeswerk. Vielmehr handelt es sich um ein in hohem Maße komplexes System von Regeln über die Auffindung von Normen und deren Interpretation, das zudem von einer Fülle wirksamer sozialer Ausgleichsmechanismen flankiert wird.

Insbesondere in der Frühzeit überwog wohl ein erhebliches Maß an eigenständiger Rechtsfindung nach «gesundem Menschenverstand» (so darf man die Fachvokabel «Ra'y» hier zunächst verstehen). Zudem übernahm man in großem Umfang Normen und Verwaltungsstrukturen der neu unterworfenen Territorien. Seit dem 8. Jahrhundert scheint das Bedürfnis nach einer stärker gesicherten und «authentischeren» Normengrundlage gewachsen zu sein. Insbesondere bei der erstarkenden Fraktion derer, die sich neben dem Koran maßgeblich oder ausschließlich an den von Muhammad überlieferten Worten und Taten (Sunna) orientieren wollten, erhielt Rechtsfindung nach «Ra'y» eine negative Konnotation. Ab dem 9. und 10. Jahrhun-

dert verfestigten sich inhaltlich vor allem bei den Sunniten die
einmal entwickelte Normenlehre und auch weite Bereiche konkreter Rechtsgebiete wie Familien- und Erbrecht, Vertragsrecht
und Strafrecht. Richtungweisend wurden insbesondere die
rechtstheoretischen Werke des bedeutenden Juristen Muhammad ibn Idris al-Schafi'i (gest. 820), der sich intensiv mit
den Ansichten anderer bedeutender Gelehrtenzirkel befasst hatte. Die Dogmatisierung der Rechtsquellenlehre in seinem
Schlüsselwerk *al-Risala* wirkte maßstabbildend auch für andere
sunnitische Richtungen und bis in die Schia hinein. Dennoch
verblieben erhebliche, zum Teil grundlegende Meinungsunter-
schiede.

Zugleich bildeten sich aus den bestehenden Gelehrtenzirkeln
verschiedene Schulen (Madhahib, Sing. Madhhab) heraus, von
denen vier im sunnitischen und drei im schiitischen Spektrum
bis heute existieren: Bei den Sunniten sind es die hanafitische,
malikitische, schafiitische und hanbalitische Schule, die nach
den später als Gründerväter angesehenen Persönlichkeiten Abu
Hanifa (gest. 767), Malik (gest. 795), al-Schafi'i (gest. 820) und
Ahmad ibn Hanbal (gest. 855) benannt wurden. Bei den Schiiten haben sich neben der dominierenden Richtung der Zwölfer-
Schia oder Dscha'fariya die ismailitische Siebener-Schia und die
zaiditische Fünfer-Schia erhalten. Die Aufspaltung zwischen
Sunna und Schia erfolgte, nachdem 'Ali, der Vetter und Schwie-
gersohn Muhammads, nach dessen Tod nicht zu seinem Nachfolger eingesetzt worden war; die weitere Aufsplitterung der
Partei (Schi'a) 'Alis ergab sich aus der unterschiedlichen Anerkennung der Nachfolger Muhammads (Imame) in der schiitischen Führungsgenealogie.

Die islamische Normenlehre hat sich über annähernd
1400 Jahre in einem Raum von Marokko bis Indonesien entwickelt. So ist auch das islamische Recht keineswegs ein präzises
Gesetzbuch, sondern ein höchst komplexes System von Normen und Regeln, welche die Auffindung und Interpretation der
Normen erst möglich machen. Dieser letztgenannte Bereich, die
«Usul al-Fiqh» («Wurzeln der Normenlehre»), ist der Schlüssel
zum Verständnis des islamischen Rechts. Dabei finden sich er-

hebliche Unterschiede zwischen sunnitischen und schiitischen Schulen, die zudem ein großes Maß an innerem Meinungspluralismus kennen. Dies und damit auch eine Ergebnisvielfalt ist ein Markenzeichen des islamischen Rechts. *Das* eine, festgelegte islamische Recht gibt es nicht.

Insgesamt besteht indes weitgehend Einigkeit über die Hauptquellen des Rechts. An erster Stelle steht der Koran, soweit er Rechtsnormen enthält. Im Gefolge der Hidschra nach Medina zeigte sich ein inhaltlicher Wandel in den koranischen Offenbarungen. Waren die Normen in den mekkanischen Versen noch vorwiegend religiös-ethisch bestimmt, finden sich in den medinensischen Offenbarungen (im Koran werden die zeitlichen Zuordnungen angegeben) nun auch einige rechtliche Aussagen, insbesondere zum Familien- und Erbrecht sowie zu Teilen des Straf- und des Vertragsrechts. Zusammengenommen haben allerdings nur einige Dutzend Verse des Koran rechtlichen Gehalt.

Eine weitere Quelle bilden die sogenannten Hadithe (Überlieferungen; die Gesamtheit der Überlieferungen wird als «Sunna» bezeichnet) von Muhammad, soweit sie als authentisch anerkannt werden. Allerdings sollen nur solche Überlieferungen normativ wirken, die Muhammad in seiner Eigenschaft als Prophet betreffen, nicht hingegen diejenigen, die sich auf sein Leben als fehlbarer Mensch beziehen.

Der Begriff der Sunna wird nicht völlig einheitlich verstanden. In etwa bezeichnet er die etablierte, für richtig erachtete Praxis. Zu beachten ist jedoch, dass in der Frühzeit verbreitet unter den Sunniten und in der malikitischen Schule auch noch später die in Medina geübte Praxis sowie diejenige der Prophetengenossen zur Sunna gerechnet wurden.

Die großen Sammlungen solcher Überlieferungen entstanden bis zum Ende des 9. Jahrhunderts. Ihre Authentizität wird von der traditionellen Hadithwissenschaft vor allem anhand der Überliefererkette (Isnad) überprüft, die ununterbrochen bis auf Muhammads Zeitgenossen zurückgehen muss. Die ganz überwiegende Mehrzahl der als authentisch angesehenen Hadithe stützt sich nur auf einen oder wenige Überlieferer auf einer Zeitstufe und ist deshalb in ihrem normativen Gewicht eingeschränkt. Beispielsweise sprach sich der vormalige Rektor der Azhar-Universität Schaltut unter anderem deshalb gegen die Todesstrafe für Apostaten aus, weil das einschlägige Hadith («tötet den Apostaten») nur auf einer schmalen Überlieferungsbasis stehe und deshalb keine derart schwerwiegende Rechtsfolge begründen könne. Auf Hadithe gehen etwa Regelungen zur Unterscheidung des einseitigen Scheidungsrechts des Ehemannes (sog. Talaq) und das spezifische Scheidungsrecht für Ehefrauen (Chul'), Strafunmündigkeit bei (koranischem) Diebstahl für Personen unter 6 Handspannen Körpergröße, Sanktionsfreiheit der Tötung eines Vergewaltigers und die Nichtanwendbarkeit koranischen Diebstahlsrechts auf Nicht-Muslime zurück.

Bei den Zwölfer-Schiiten hat sich weitgehend die Auffassung etabliert, dass neben den Prophetenüberlieferungen die normative Praxis der «unfehlbaren» zwölf Imame als Nachfolger des Propheten erfasst sein müsse; manche zählen dazu auch Fatima, Muhammads Tochter und Ehefrau des Kalifen Ali. Andererseits erkennen die Schiiten manche Hadithe nicht an, die auf die aus schiitischer Sicht als «falsch» eingestuften ersten drei Kalifen (Nachfolger) und ihre Hauptunterstützer zurückgehen. Dies führt z. B. zu einem frauenfreundlicheren Erbrecht, weil damit im sunnitischen Recht anerkannte Hadithe ausgeschlossen werden, welche die Töchter und Enkelinnen gegenüber den männlichen Seitenverwandten benachteiligen.

Als weitere, Koran und Sunna nachgeordnete Rechtsquellen weithin anerkannt sind zudem Gelehrtenkonsens (Idschma), Analogie und Umkehrschluss (Qiyas), wobei die Schiiten den Qiyas als Institut ablehnen, jedoch entsprechende Schlussverfahren in anderem Kontext anwenden. Beim Konsens war und ist vor allem umstritten, wer am Zustandekommen beteiligt sein muss: die örtlichen oder regionalen Gelehrten, alle Muslime, alle Gelehrten oder eine Mehrheit der Gelehrten. Zudem besteht die Frage, ob ein einmal gefundener Konsens auch spätere Generationen bindet. Letzteres wird von den Schiiten seit Jahrhunderten mehrheitlich abgelehnt, die darüber hinaus keinen Konsens gegen den Willen des unfehlbaren Imam, des aus schiitischer Sicht einzig rechtmäßigen Herrschers, anerkennen.

Auch im sunnitischen Bereich ist immer wieder strittig, ob ein Konsens tatsächlich zustande gekommen ist, so dass schon deshalb ein erheblicher Meinungspluralismus entstand.

Alle weiteren Quellen und Schlussverfahren sind hinsichtlich ihrer Voraussetzungen und ihrer Tragweite umstritten. Der Istihsan (Für-Besser-Halten) etwa, der nur von den Hanafiten als Institut anerkannt wird, dient in der Praxis vor allem dazu, Analogieschlüsse mit Hilfe von Argumenten einzuschränken, die als gewichtiger angesehen werden. Ein praktisches Beispiel im Werk des bedeutenden Gelehrten al-Sarachsi ist die Haftung des Grundstückseigentümers für Schäden aus einer einstürzenden Mauer. Wird die Mauer von vornherein unsachgemäß errichtet, so haftet der Eigentümer; wird sie sachgemäß gebaut, so haftet er nicht. Die Analogie legt für den letzteren Fall auch dann Haftungsfreiheit nahe, wenn sich die Mauer erst nach ihrem Bau neigt. Der Istihsan wiederum führt zu einer differenzierteren Lösung. Danach muss der Eigentümer haften, wenn er über die spätere Veränderung (Neigung) informiert ist. In diesem Fall wird das Unterlassen der Reparatur dem schon anfangs bestehenden Haftungsfall bei sofortigem Einsturz gleichgestellt.

Die anderen Schulen erzielen vergleichbare Ergebnisse auf Grundlage des Istislah (Berücksichtigung allgemeinen Nutzens). Dieser öffnet insbesondere den Weg zu einer Interpretation von Normen nach ihrem Sinn und Zweck. Außerdem kann die Grundregel «Not kennt kein Gebot» (Darura) darauf gestützt werden, die eigentlich Verbotenes zulässig macht, wie etwa die Wegnahme von Nahrungsmitteln durch Hungerleidende. Umgekehrt jedoch kann das anerkannte Prinzip des «Versperrens der Mittel» (Sadd al-Dhara'i) je nach Auslegung dazu führen, schon etwas für verboten zu halten, was selbst erst zu Verbotenem führt (z. B. schon den Kontakt mit rituell verbotenen Nahrungsmitteln).

Historisch betrachtet interessant, in der Praxis freilich nicht sehr bedeutsam ist die Anerkennung von Normen «derer vor uns» (Schar' man qablana). Gemeint sind Juden und Christen, in deren Kontinuität (als Korrektur von Abirrungen) sich der Islam versteht. So kann eine überlieferte Entscheidung König

Salomos zur Haftung für Schäden, die Weidetiere verursachen, auch im islamischen Recht fortgelten.

Aufgrund dieser Vielfalt von Quellen und ihrem Zugang kommt der Interpretation der jeweiligen Normen entscheidende Bedeutung zu. Dies gilt auch für Koran und Sunna: Selbst bei vermeintlich eindeutigem Wortlaut muss stets geprüft werden, ob die betreffende Norm zu allen Zeiten, an allen Orten und für alle Menschen gelten soll oder ob sie nur einen jeweils eingeschränkten Kreis betrifft. Zudem ist zu klären, wie tatsächliche oder vermeintliche Widersprüche zwischen unterschiedlichen Normen, die denselben Gegenstand betreffen, aufzulösen sind: Geht die spätere Norm beispielsweise der früheren vor oder ist sie nur eine temporäre Sonderregelung? Welche Norm ist allgemein und welche spezieller? Sind derartige Konkurrenzen auch zwischen unterschiedlichen Rechtsquellen wie Koran und Sunna möglich, kann insbesondere die Sunna koranische Aussagen relativieren?

Solche Fragen haben sich die islamischen Gelehrten von den Anfängen bis heute gestellt und unterschiedlich beantwortet. Auf diese Weise wird ein hohes Maß an Flexibilität zur Anpassung an veränderte Lebensumstände ermöglicht. Der Zugang zu dieser eigenständigen Interpretation wird als Idschtihad bezeichnet, als selbständiges Überlegen und Argumentieren. Auf dieser Grundlage muss etwa geklärt werden, welche von zwei Regelungen für die Interpretation inhaltlich konkurrierender (unterschiedlicher) Normen anwendbar ist: Sind die Normen gleichrangig, dann verdrängt die spätere die frühere. Gilt die frühere Norm jedoch allgemein und die spätere nur speziell, dann beschränkt sich der Verdrängungseffekt auf die spezielle Situation, während die allgemeine Regel weiterhin gültig bleibt. So kann etwa der auf friedlichen Ausgleich zwischen den Religionen hin ausgerichtete Vers 61 in Sure 8 («Wenn sie zum Friedensschluss neigen, so tue das auch du!») entgegen traditionellen Auffassungen nicht durch die kampforientierten Verse in Sure 9,5 («Schwertvers») und 9,29 ff. als aufgehoben angesehen werden. Letztere werden nur als spezielle Regelung für eine bestimmte historische Verteidigungssituation gedeutet, welche die allgemeine Regelung nicht aufheben könne, sondern umgekehrt selbst durch sie eingeschränkt werde.

Damit verliert letztlich die Aussage, Gott alleine sei der Normengeber, weitgehend an innerem Gehalt: Es sind stets – fehlbare – Menschen, welche die Normen auffinden, gewichten und interpretieren, und das Ergebnis ist ein menschliches Konstrukt, das steter Veränderung unterliegt.

Uneinigkeit herrscht darüber, wer solchen Idschtihad in welchen Fällen und in welchem Umfang betreiben darf. Während er in der Entstehungszeit des islamischen Rechts eine herausragende Rolle spielte (ohne schon so benannt worden zu sein), schloss sich insbesondere im sunnitischen Islam seit dem 10. Jahrhundert eine lange Zeit relativer Stagnation an, in der die einmal formulierten Gelehrtenmeinungen weitgehend kritiklos übernommen wurden. Erst seit dem 19. Jahrhundert wird wieder intensiver argumentiert und neu interpretiert, eine Entwicklung, die dann auch umfangreiche Gesetzgebungsinitiativen und inhaltliche Reformen auslöste. Bei den Schiiten blieb die Offenheit für neue Deutungen stets größer: Die Standardwerke schiitischer Jurisprudenz beginnen häufig mit gründlichen Ausführungen zum zulässigen, ja notwendigen Gebrauch der eigenen Erkenntnismöglichkeiten ('Aql) und seinem Verhältnis zur Tradition (Naql).

Ein besonderes Genre sind die sogenannten Fatwas, Gutachten anerkannter Gelehrter. Sie entfalten keine rechtlich durchsetzbare Bindungswirkung, sondern sind abhängig von der persönlichen und fachlichen Autorität des Gutachters (Mufti). Derartige Gutachten dienen primär dem Zweck, einen konkreten Einzelfall zu beurteilen. Seit dem 10. Jahrhundert wurden jedoch große Fatwa-Sammlungen angelegt, denen dann wie im osmanischen Reich oder im indischen Moghulreich faktisch Gesetzeskraft zukam.

Neben den genannten Rechtsquellen und Auslegungsregeln kommt dem Gewohnheitsrecht und örtlichen Bräuchen ('Urf und 'Ada) eine oft unterschätzte Bedeutung zu. Die politische Erfolgsgeschichte des Islam mag zum Teil hierin eine Erklärung finden: Viele Bereiche des alltagspraktischen Rechtslebens wurden nur in Grundzügen oder überhaupt nicht von islamrechtlichen Regelungen durchdrungen. Oft genug wurde sogar geduldet, dass es in der Praxis offensichtliche inhaltliche Widersprüche zu solchen Regelungen gab, insbesondere in extrem patriarchalischen Gesellschaften, in denen Frauen auch die vom islamischen Recht vorgesehenen Rechte vorenthalten wurden. Dies gilt für einige Regionen wie Afghanistan, Pakistan, Indien oder Teile Afrikas bis heute.

Andererseits haben sich Systeme außergerichtlicher – insbesondere innerfamiliärer und stammesbezogener – Schlichtungsmechanismen entwickelt, die manche formale Härte abmildern. Genauso versuchten Gerichte, solche Härten im Einzelfall zu vermeiden, in beiden Fällen tendenziell zugunsten von Frauen. Wer die Rechtsordnung als lebendiges System verstehen will – und so versteht sie sich selbst –, muss derartiges mit in den Blick nehmen. Andererseits führt eine Fülle von Ausweichmechanismen zwangsläufig zu verminderter Rechtssicherheit. Insgesamt gesehen ermöglicht das islamische Recht in vielen Fällen flexible Einzelfalllösungen, allerdings eben oft auf Kosten der Rechtssicherheit. Darin ist es dem anglo-amerikanischen System nicht unähnlich.

Nach heutigem Erkenntnisstand nicht mehr haltbar ist indes die Vorstellung, dass das in Gelehrtenwerken entwickelte Recht in der Praxis nicht angewandt worden sei. Gründliche Untersuchungen von Urkunden, Gerichtsberichten und juristischen Formularbüchern haben ergeben, dass sehr wohl in vielen Fällen detailliert mit einschlägigen Rechtsargumenten aus der Literatur gearbeitet wurde, auch im Bereich des Vertrags- und Wirtschaftsrechts. Seit dem 16. Jahrhundert nahm – vor allem im osmanischen Reich – die Bedeutung staatlicher Verwaltungsregelungen (Qanun, von griech. Kanon) zu, die teilweise von traditionellen Rechtsauslegungen abwichen und faktisch Gesetzeskraft erlangten.

3. Wesentliche Inhalte des klassischen islamischen Rechts

Einführung

Die verschiedenen Bereiche des Rechts werden in sehr unterschiedlicher Dichte behandelt. Das ist zum einen mit der Quellenlage zu erklären: Während etwa das Familien- und Erbrecht vergleichsweise ausführlich und in hochrangigen Rechtsquellen geregelt wird, finden sich in weiten Teilen des Staats-, Verwaltungs- und Strafrechts nur wenige einschlägige Normen.

Zum anderen haben sich Rechtsgelehrte mit einigen wichtigen Gebieten wohl auch deshalb nur am Rande oder überhaupt nicht befasst, weil die Machthaber dies – wie im Staatsrecht – als unerwünschte Einmischung betrachten konnten oder aber weil sich gewohnheitsrechtliche, regional ausgeprägte und dort gegen Interventionen verteidigte Praktiken etabliert hatten, die mit den hergebrachten Grundsätzen des islamischen Rechts in Kontrast standen.

Was die Inhalte des Rechts angeht, so wurde es, wie erwähnt, bis ins 19. Jahrhundert hinein nur in wenigen Teilen gesetzlich ausgeformt. Weitgehend handelt es sich um ein Gelehrten- und Praxisrecht. Zwischen Sunniten und Schiiten sowie den einzelnen Schulen dieser Richtungen finden sich zu vielen Rechtsfragen erhebliche Abweichungen in den Anschauungen. Aber auch innerhalb der einzelnen Schulen gibt es verschiedene Meinungen. Die folgende Darstellung muss sich darauf beschränken, die verbreiteten Gemeinsamkeiten wiederzugeben, auch wenn sich zu fast jeder Aussage einzelne Gegenmeinungen finden. Wer also vertiefte Kenntnis in bestimmten Fragen anstrebt, wird zu ausführlicherer Fachliteratur greifen müssen.

Zunächst ist allgemein zu klären, wer überhaupt Träger von Rechten und Pflichten sein kann. In vollem Umfang rechtsverpflichtet ist nur der volljährige, geistig gesunde und freie Mann. Nur er kann sein Leben ohne Einschränkungen rechtlich ordnen. Volljährige freie Frauen bedürfen nach Mehrheitsmeinung stets eines Ehevormundes für die Eheschließung, ihr Zeugnis wird in manchen Fällen nicht akzeptiert, und öffentliche Ämter bleiben ihnen weitgehend verschlossen. Grundsätzlich sind sie jedoch im Hinblick auf die Regelung ihrer privaten Rechtsverhältnisse frei.

Minderjährige und Geisteskranke haben zwar Rechte, können sie aber nur in begrenztem Umfang selbst ausüben. In der Regel handelt der gesetzliche Vormund (Wali), zumeist der Vater oder andere männliche Verwandte. Ab einem gewissen Alter tritt beschränkte Geschäftsfähigkeit ein. Solche Minderjährigen dürfen wirksam Geschäfte abschließen, die sie überblicken können und die keine Nachteile für sie beinhalten. Nur äußerst eingeschränkte Rechte haben Sklaven, im Wesentlichen sind sie der Willkür ihrer Eigentümer ausgeliefert. Immerhin herrscht im Islam das Gebot, in bestimmten Situationen als Buße Sklaven freizulassen; zudem können Vereinbarungen über den Freikauf getroffen werden. Im modernen islamischen Recht ist die Sklaverei abgeschafft.

Rechtliche Verpflichtungen bestehen für die potentiell Betroffenen nur dann, wenn sie hinreichend deutlich festgelegt sind. Das islamische Recht kennt die beiden Prinzipien der «ursprünglichen Freiheit» von Verpflichtungen und des «grundsätzlichen Erlaubtseins» allen Tuns, soweit nicht Gegenteiliges festgelegt wird.

Ehe-, Familien- und Erbrecht

Personen-, Familien- und Erbrecht sind diejenigen Bereiche des islamischen Rechts, die am ausführlichsten geregelt sind. Bereits im Koran selbst findet sich eine beträchtliche Zahl von Normen. Dies gilt etwa für das Eherecht (z. B. Sure 2,226 ff.; Sure 4,3 f., 22 ff., 34 f., 127 ff.; Sure 5,5; Sure 33,50; Sure 60,10), die Vormundschaft (z. B. Sure 4,2 und 5 f.) und die Erbfolge (z. B. Sure 4,11 ff., 33,176; Sure 2,180, 240 f.).

Die rechtliche Stellung der Frau wurde nach Berichten der islamischen Tradition in einigen wichtigen Aspekten deutlich verbessert. So verbietet beispielsweise der Koran (vgl. Sure 4,19) die zuvor offenbar mögliche «Vererbung» von Frauen nach dem Tode ihres Ehemannes. Darüber hinaus sollen in vorislamischer Zeit neugeborene Mädchen häufig getötet worden sein (vgl. die Hinweise in Sure 16,58 f.). Der Koran gewährleistet erstmalig ein (begrenztes) Erbrecht, schränkt Polygamie und Praktiken einseitiger Ehescheidung durch den Ehemann ein und lässt der Braut selbst anstelle ihres Vaters den Brautpreis zukommen.

Andererseits sind die Vorschriften des Personenstands- und Familienrechts in ihrer klassischen Interpretation und Handhabung von einem eindeutig patriarchalischen Verständnis der Geschlechterrollen geprägt, wie es auch in abendländischen Rechtsordnungen bis vor kurzem dominierte: Der Ehemann und Vater war grundsätzlich allein für den finanziellen Familienunterhalt zuständig. Ihm kamen die Außenvertretung und die Letztentscheidung in allen wichtigen Fragen zu. Die Ehefrau genoss Anerkennung vor allem in der Rolle als Mutter und Führerin des Haushalts. Muslimische Autoren aller Richtungen weisen häufig darauf hin, dass Männern und Frauen im Islam die gleiche Würde zugesprochen werde. Oft folgen dann jedoch Ausführungen von der Art, dass wegen der unterschiedlichen Disposition der Geschlechter keine rechtliche Gleichstellung erfolgen könne. Wie in der europäischen Vergangenheit wird den Männern verantwortungsvoll rationales Handeln, Frauen hingegen eine stark emotional geprägte Steuerung zugeschrieben.

Die zentralen Institutionen des islamischen Familienrechts regeln die Ehe und ihre Auflösung sowie die Rechtsbeziehungen zwischen Ehegatten und innerhalb der Familie in Hinblick auf Kinder und andere Verwandte.

Die Ehe wird ausschließlich als zivilrechtlicher Vertrag angesehen, auch wenn viele Gelehrte ihr *zusätzlich* eine religiöse Dimension zusprechen. Die Ehefähigkeit setzt grundsätzlich volle Geschäftsfähigkeit der Beteiligten voraus. Nach traditioneller Auffassung ist das Ehemindestalter weitestgehend auf den Eintritt der Pubertät zwischen 9 und 12 (Mond-)Jahren für Knaben und auf 9 Jahre für Mädchen festgelegt, ab 15 wurde Volljährigkeit vermutet.

Männer können grundsätzlich eigenständig den Ehevertrag abschließen, während für minderjährige, nach verbreiteter Ansicht auch für volljährige Frauen ein Ehevormund handeln muss, in der Regel der Vater oder ein anderer männlicher Verwandter. Der Vormund entscheidet aber grundsätzlich nicht eigenmächtig über die Person des Ehegatten, sondern gibt nur den entsprechenden Willen der Braut kund. Dieser vom Recht zugunsten der Frau errichtete Schutz (eigenständige Wahl des Ehepartners) wird allerdings erheblich eingeschränkt. Zum einen kennt das traditionelle islamische Recht auch die Zwangsehe, auf deren Grundlage eine Frau auch gegen ihren Willen verheiratet werden darf, wenn der Vormund andernfalls einen unakzeptablen Lebenswandel befürchtet. Zum anderen wird unter Berufung auf ein Hadith behauptet, dass das Schweigen einer Jungfrau zu einem Heiratsangebot als Zustimmung zu werten sei. Die Begründung lautet, die Jungfrau schäme sich möglicherweise, ihr Einverständnis mit den daraus folgenden Konsequenzen ausdrücklich zu erklären. Freilich dürfte in streng patriarchalischen Lebensverhältnissen das Schweigen häufig auf die niedrige soziale Position der Frau und ihre Furcht vor den Folgen eines Widerspruchs zurückzuführen sein.

Die Eheschließung kommt durch inhaltlich übereinstimmende Erklärungen der Beteiligten zustande, wobei persönliche Anwesenheit nicht erforderlich ist (Zulässigkeit der «Handschuhehe»). Die Sunniten verlangen die Hinzuziehung zweier Zeugen (zwei Männer oder ein Mann und zwei Frauen), während die Schiiten dies nur empfehlen.

Nicht alle Personen anderen Geschlechts sind mögliche Ehepartner. Eheverbote bestehen vor allem im Hinblick auf bestimmte nahe Verwandte (vgl. Sure 4,22 f.). Interreligiöse Ehen lassen Schiiten überhaupt nicht, Sunniten nur zwischen muslimischen Männern und nichtmuslimischen (vor allem christlichen oder jüdischen) Frauen zu (abgeleitet aus Suren 2,221; 5,5 und 60,10). Weiterhin wird von vielen Gelehrten Statusgleichheit der Ehegatten gefordert; ist diese nicht gegeben, führt dies zwar nicht zur Unwirksamkeit der Ehe, gibt allerdings einen Anfechtungsgrund ab, den der Ehevormund geltend machen kann.

Grundsätzlich wird die Ehe auf Lebenszeit geschlossen; nur Schiiten erkennen die heftig umstrittene Ehe auf Zeit (sog. Mut'a-Ehe) an. Polygyne Ehen mit maximal vier Frauen zugleich sind als zulässig angesehen (vgl. Sure 4,3), wenn jeder Frau ein eigener Hausstand finanziert wird. Gestattet ist daneben ohne Begrenzung der Verkehr mit Sklavinnen (vgl. Sure 4,4).

Eine wichtige Komponente des Ehevertrags ist die Brautgabe (Mahr oder Sadaq, vgl. Suren 4,4 und 33,50). Sie ist streng von nicht islam-rechtlich legitimierten Phänomenen wie dem «Kopfgeld» abzugrenzen, das an den Brautvater entrichtet wird. Bei der Brautgabe handelt es sich vielmehr um eine Zahlung des Bräutigams an die Braut. Abhängig von den wirtschaftlichen Verhältnissen ist sie nur symbolisch oder aber umfangreich. Im letzteren Fall sichert sie die Ehefrau für den Fall, dass der Ehemann stirbt oder sich scheiden lässt, ab. Dies gilt insbesondere dann, wenn, wie es häufig vorkommt, die Gabe in einen eher symbolischen Anteil zum Zeitpunkt der Eheschließung und die Hauptzahlung für den Fall der Scheidung aufgespalten wird. Fehlt eine Vereinbarung, so steht der Braut die für die jeweiligen Verhältnisse übliche Gabe zu.

Im Ehevertrag sind weitere Regelungen zulässig, die insbesondere die Rechtsposition von Frauen verbessern können. So darf vereinbart werden, dass die Ehefrau über die engen gesetzlichen Möglichkeiten hinaus die Scheidung herbeiführen kann: entweder indem sie die Auflösung der Ehe verlangt oder durch das vom Ehemann delegierte Verstoßungsrecht. Darüber hinaus kann auch die Eingehung einer Zweitehe als Schaden für die Erstfrau beurteilt werden, der ebenfalls ein Scheidungsrecht auslöst. Außerdem ist es möglich, interreligiöse Erbverbote durch Zuwendungsvereinbarungen abzumildern. Allerdings scheinen solche ehevertraglichen Vereinbarungen eher selten und zumeist nur in sozial und finanziell hochgestellten Verhältnissen akzeptiert zu werden.

Die rechtlichen Folgen von Verstößen gegen all diese Regelungen sind unterschiedlich. Mit Blutsverwandten geschlossene oder unzulässige interreligiöse Ehen werden in aller Regel als unwirksam angesehen, während andere Mängel nur Anfechtungsgründe darstellen, die aber nicht geltend gemacht werden müssen. Insgesamt ist eine deutliche Tendenz zu beobachten, einmal geschlossene und vollzogene Ehen als wirksam zu betrachten, insbesondere dann, wenn aus ihnen Kinder hervorgegangen sind. In Gesellschaften mit rigider Sexualmoral dient dies zum Schutz gegen soziale Ausgrenzung und Verelendung oder gar strafrechtliche Verfolgung wegen Unzucht.

Nach der Heirat behält die Ehefrau ihren Namen und – anders als im Europa früherer Jahrhunderte – auch die freie Verfügung über ihr eigenes Vermögen. Der Ehemann ist verpflichtet, die Ehefrau und Kinder angemessen zu unterhalten, während nach traditionellem Recht auch die vermögende Ehefrau dem Ehemann keine Unterhaltsleistungen zu erbringen hat und den Kindern nur, wenn der Ehemann dazu nicht in der Lage ist. Söhne sind nur bis zum Erreichen ihrer vollen Geschäftsfähigkeit unterhaltsberechtigt, Töchter bis zur Heirat und wieder nach einer Scheidung. Die Ehefrau muss sich um die jüngeren Kinder kümmern und je nach finanziellen Verhältnissen auch den Haushalt führen. Sexualität sieht das islamische Recht als legitimes Bedürfnis an, das allerdings nur in der Ehe ausgelebt werden darf. Die Intensität der Bedürfnisse wird allerdings sehr unterschiedlich eingeschätzt. Während die Ehefrau Geschlechtsverkehr nur wegen äußerer Hinderungsgründe wie Krankheit, Menstruation oder kurz zurückliegender Entbindung verweigern dürfen soll, werden ihre «Mindestanrechte» mit zeitlichen Abständen von z. B. vier Tagen, aber auch vier Monaten bemessen, wobei einzelne Gelehrte nur einen einmaligen Vollzug in der gesamten Ehe fordern. Wird dies vom jeweiligen Ehegatten nicht eingehalten, steht der Ehefrau das Recht auf Scheidung, dem Ehemann die Verweigerung von Unterhaltszahlungen zu.

Die Ehefrau unterliegt in der Ehe einer weitreichenden «Gehorsamspflicht». Für wichtige Entscheidungen der Lebensführung bedarf sie der Einwilligung des Ehemannes, die sogar das Verlassen des Hauses betreffen kann. Lehnt sie sich diesbezüglich gegen den Ehemann auf, verliert sie ihren Unterhaltsanspruch. Zudem wird dem Mann nach der traditionellen Interpretation der Sure 4,34 in solchen Fällen gestattet, sie in vergleichsweise milder Form (also ohne sichtbare bzw. bleibende Verletzungen) zu schlagen. Die Ausführungen zum Eherecht werden häufig um Ermahnungen zu gegenseitiger Rücksichtnahme und respektvollem Umgang ergänzt, die allerdings im Konfliktfall rechtlich nicht durchsetzbar sind.

Im Allgemeinen wird die Ehe durch den Tod eines Ehegatten aufgelöst. Zuvor kann der Ehemann leicht, die Ehefrau nur unter sehr engen Voraussetzungen die Scheidung herbeiführen. Dem Ehemann steht hierfür neben einigen sehr selten genutzten Wegen das häufig in Anspruch genommene einseitige Verstoßungsrecht (Talaq, vgl. Suren 2,229 und 65,1 f.) offen. Der Ausspruch, der keiner Begründung bedarf, führt zunächst in der Regel nur zur widerruflichen, nach dem dritten Ausspruch in bestimmten Zeitintervallen zur unwiderruflichen Beendigung der Ehe. Einzelne Abwicklungsformen werden aus religiöser Sicht unterschiedlich beurteilt, sind jedoch aus rechtlicher Sicht allesamt wirksam – auch dies ein Beleg für die Trennung rechtlicher und religiöser Aspekte islamischer Normativität. Nach sunnitischem Standpunkt bedarf die Verstoßung keiner Form, während das schiitische Recht die Hinzuziehung zweier Zeugen zwingend vorschreibt. Einen Anspruch auf Unterhalt hat die Ehefrau im Scheidungsfall nur noch für die Dauer der gesetzlichen Wartezeit bis zur möglichen Wiederverheiratung (drei Monate).

Die Ehefrau selbst kann nur in Ausnahmefällen die Scheidung herbeiführen, ein formloses Verstoßungsrecht steht ihr nicht zu. Sie kann grundsätzlich nur die gerichtliche Scheidung beantragen: z. B. bei fortgesetzter Unterhaltsverweigerung, schwerer Misshandlung des Ehemannes, seiner zum Zeitpunkt der Eheschließung unbekannten Impotenz oder – nach einzelnen Schulen – bei dessen längerer Abwesenheit. Darüber hinaus kann sie das Recht zum Scheidungsausspruch (Chul') ehevertraglich vereinbaren; sie muss dann jedoch die Brautgabe zurückerstatten und bleibt damit finanziell ungesichert. In einer anderen ehevertraglichen Variante, die heute z. B. unter liberalen Iranern gepflegt wird, kann das Verstoßungsrecht des Ehemannes an die Frau delegiert werden, die sich so gleichberechtigt und ohne finanzielle Nachteile aus der Ehe lösen kann.

Die nichteheliche Kindschaft ist der strengen Sexualmoral des Islam entsprechend im Rechtssystem schlicht nicht vorgesehen. In gewissem Umfang möglich ist jedoch die Anerkennung einer Vaterschaft. Für Kinder von Eheleuten gilt die Ehelichkeitsvermutung. Die Vormundschaft für minderjährige Kinder (sog. Walaya oder Wilaya) kommt dem Vater oder anderen nahen männlichen Verwandten zu. Bei der tatsächlichen Personensorge (sog. Hadana) wird nach Alter und Geschlecht unterschieden; für kleine Kinder (bis zwei Jahre) und auch noch für ältere Mädchen steht sie der Mutter zu, danach dem Vater. Die geschiedene Ehefrau verliert das Sorgerecht spätestens im Falle der Wiederverheiratung.

Entgegen vorislamischer Praxis wird die Adoption unter Berufung auf Sure 33,4–5,37 verboten. Allerdings wurde das weniger weitreichende Institut der Aufnahme an Kindes Statt (sog. Kafala) entwickelt, das ohne Herbeiführung von Statusfolgen in der Großfamilie dem Kind Personensorge und Unterhalt sichert. Interessant ist die Begründung aus dem Koran: In Sure 3,37 wird die Übernahme der Pflege Marias (Maryam) durch Zacharias (Zakariya) mit dieser Bezeichnung belegt, womit deutlich wird, dass auch Begebenheiten und Gewohnheiten aus der Zeit vor der Offenbarung des Koran im islamischen Normensystem verbindlich bleiben können. Belege finden sich zudem in einem Hadith und in Muhammads eigener Biographie, war er doch zunächst Halb- und alsbald Vollwaise.

Das verbreitete Leben in Großfamilienverbänden schlägt sich rechtlich unter anderem in Unterhaltsverpflichtungen gegenüber Eltern und Großeltern sowie gewissen Seitenverwandten nieder.

Die Grundlagen des im Einzelnen höchst komplizierten Erbrechts finden sich in Sure 4,11–12 und 176. Erbberechtigt sind danach nicht nur direkte Nachkommen oder Vorfahren wie Kinder oder Eltern, sondern auch Seitenverwandte wie Geschwister oder Onkel und Tanten. Zwischen Ehegatten, Kindern und anderen Verwandten des Erblassers erfolgt eine Aufteilung des Nachlasses teils nach festen, teils nach variablen Anteilen je nach Personenkonstellation. In der Literatur finden sich oft Berechnungsmodelle für die unterschiedlichen Falllagen. Deutliche Unterschiede bestehen zwischen sunnitischem und schiitischem Erbrecht. Der wesentliche Grund hierfür ist der Umstand, dass die Schiiten bestimmte Hadithe nicht anerkennen, auf die sich sunnitische Erbregelungen stützen. Das schiitische Recht kennt eine strenge Form dreier sich ausschließender Konkurrenzklassen, die abhängig von der Nähe der Verwandtschaft zum Erblasser sind. Leben Hinterbliebene aus der jeweils nächsten Konkurrenzklasse, so werden Angehörige entfernterer Klassen vollständig ausgeschlossen. Während z. B. das sunnitische Erbrecht einer hinterbliebenen Tochter im Verhältnis zu Onkel, Tante oder Cousin des Verstorbenen nur die Hälfte des Nachlasses zuspricht, erhält sie ihn nach schiitischem Erbrecht alleine.

Auch das Erbrecht ist von patriarchalischen Lebensverhältnissen geprägt. Überlebenden männlichen Nachkommen (Ehepartner bzw. Söhne) steht das Doppelte dessen zu, was ihre weiblichen Pendants im umgekehrten Fall erhalten würden. Begründet wird dies mit der unterhaltsrechtlichen Belastung, die im Grundsatz nur die männlichen Familienmitglieder trifft, und der notwendigen Finanzierung von Brautgaben. Im Einzelnen gibt es auch hier deutliche Unterschiede zwischen Sunniten und Schiiten.

Das sunnitische Erbrecht verbietet eine interreligiöse Beerbung in allen Richtungen. Bei den Schiiten hingegen ist nur verboten, dass Nicht-Muslime Erben von Muslimen werden, während Muslime Nicht-Muslime beerben können. Erbrechtliche Gestaltung durch Vermächtnisse ist in begrenztem Umfang möglich. Testierfreiheit wird maximal in Höhe eines Drittels des Nachlasses eingeräumt, wobei gesetzliche Erben nach überwiegender Meinung nicht zusätzlich bedacht werden dürfen. Testamentarisch kann man jedoch z. B. verbreitete interreligiöse Erbverbote abmildern.

Das Erbrecht hat über die Rechtswissenschaft hinaus auch andere Wissenschaften beflügelt: So finden sich im Hauptwerk des wohl bedeutendsten arabischen Mathematikers al-Chwarizmi (von dessen Namen der «Algorithmus» abgeleitet wird) aus dem 9. Jahrhundert, aus dessen arabischem Titelbegriff «al-Gabr» die «Algebra» wurde, ausführliche Erörterungen über die Berechnung von Erbteilen.

Vertrags- und Wirtschaftsrecht

Das Vertrags- und Wirtschaftsrecht ist nur teilweise geregelt und beruht nur partiell auf Grundlagen aus Koran und Hadith. Es baut auf bereits vorhandenen Wirtschaftsformen auf und ordnet diese in einen islamisch-rechtlichen Kontext ein. In nicht geringem Umfang entsprechen seine Strukturen dem römischen Recht. Inwieweit es hier Verbindungen gab, ist eine noch nicht befriedigend beantwortete Frage der Rechtsgeschichte.

Das islamische Vertrags- und Wirtschaftsrecht ist in einer ökonomisch vergleichsweise weit entwickelten Umwelt entstanden und weist eine grundsätzlich handels- und wirtschaftsfreundliche Haltung auf. Muhammad war wie viele Menschen aus seiner Umgebung Kaufmann. Bereits im Mittelalter fand über Handelsbeziehungen ein umfangreicher Kulturtransfer in das noch wenig entwickelte nördlichere Europa statt. Davon zeugen nicht nur umfangreiche Funde orientalischer Münzen im Ostseeraum, sondern auch die Übernahme von Rechtsinstituten und Begriffen wie dem Wechsel (aus arabisch «Hawala» wurde im Deutschen der «Aval»), der Kommanditgesellschaft, die aus einer islam-rechtlich gestalteten Gesellschaftsform entwickelt wurde, oder dem im Entwurf eines Allgemeinen Deutschen Handelsgesetzbuchs enthaltenen «Sensal» der Handelsmakler (arabisch-persisch Simsar). Bis heute zeugt die Geschäftigkeit orientalischer Märkte von dieser Grundhaltung, wenn denn die Menschen sich entfalten dürfen.

Das wichtigste Instrument des arbeitsteiligen Wirtschaftens ist der Vertrag, meist in Form des Austauschs von Leistungen. Der Erwerb des jeweils dringender benötigten Gutes durch

Tausch (bzw. Geldzahlung für Gegenstände) erfolgt zum Vorteil aller Beteiligten. Hierbei ist individuelle Handlungsfreiheit, aber auch Schutz vor möglicher Übervorteilung erforderlich. Entsprechenden Schutz vor Missverständnissen oder Täuschung gibt es auch bei den altruistischen Verträgen mit nur einseitiger Leistungspflicht wie der Schenkung oder der Bürgschaft. Die Regelung dieses Bereichs ist Aufgabe einer jeden Rechtsordnung, und das islamische Recht unterscheidet sich dabei nicht oder nur wenig von europäischen Rechtsordnungen.

Verträge kommen durch inhaltlich übereinstimmende Erklärungen zustande, Angebot und Annahme. Derart geschlossene Austauschverträge sind bindend, einseitige Leistungsversprechen vor dem Vollzug hingegen nicht. Beschränkt geschäftsfähige Minderjährige können wirksam Verträge abschließen, soweit diese für sie nicht nachteilig sind. Der Vertragsschluss ist formfrei; zum Beweis im Streitfall bedarf es zweier Zeugen bzw. entsprechender von Zeugen bestätigter Urkunden. Diese Fragen der allgemeinen Rechtsgeschäftslehre werden wie im Römischen Recht nicht systematisch geschlossen behandelt, sondern meist nur im Zusammenhang mit einzelnen konkreten Vertragstypen. Immerhin aber wird damit – auch hierin dem Römischen Recht vergleichbar – eine solche Lehre als Referenzgröße zumindest angelegt.

Ausführlich erörtert werden hingegen eine Fülle zulässiger Vertragstypen und -bedingungen wie auch deren Grenzen. Prototyp aller Verträge ist, wiederum wie im Römischen Recht, der Kauf. In Koran, Sure 2,275, findet er ausdrücklich Erwähnung. Dem Hadith wird die Zulässigkeit von Terminkauf (Kauf unter sofortiger Zahlung und späterer Lieferung) und Werklieferung (erst dem Vertragsschluss folgende Herstellung des zu erwerbenden Gegenstandes) entnommen. Die klassische Rechtsliteratur hat weitere Unterarten geformt: etwa den Weiterverkauf mit transparenter Kaufpreisberechnung aus den Einstandskosten und andere Vertragstypen wie Sach- und Geldtausch, Miete (von Personen für Dienste und Sachen), Leihe, (zinsloses) Darlehen, Hinterlegung, Pfandbestellung und Bürgschaft, Vergleichsvertrag sowie eine Anzahl von Gesellschaftsverträgen.

Auf der Basis des Rechtssatzes, wonach alles, was nicht verboten ist, erlaubt ist, war grundsätzlich auch die Entwicklung anderer Vertragstypen möglich. Generelle Vertragsfreiheit im Sinne umfassender Gestaltungsfreiheit kennt das traditionelle islamische Recht dennoch nicht; zu groß war das Misstrauen gegenüber missbräuchlicher Abweichung von Schutznormen gegen Übervorteilung und Spekulation. Wohl aber findet sich eine beträchtliche Zahl von Gestaltungsmöglichkeiten bei etablierten Vertragstypen. Bereits aus dem 9. Jahrhundert liegen erste «Formularbücher» mit Formulierungsvorschlägen vor, an denen sich der Wirtschaftsverkehr orientieren konnte. Ein gewisses Maß an Unsicherheit verblieb: Beispielsweise wird der Kauf unter anderem von Miete und Leihe dadurch unterschieden, dass dem Käufer das Eigentum am Kaufgegenstand sofort in vollem Umfang zufällt. Daraus folgert al-Schafi'i im 9. Jahrhundert in seinem Monumentalwerk (Kitab al-Umm), dass Vereinbarungen, die den sofortigen Eigentumsübergang hindern, nicht zulässig seien.

Welches sind nun die wesentlichen Grenzen vertrags- und wirtschaftsrechtlicher Gestaltung? In Sure 4,29 findet sich die zentrale Grundlage für den Handlungsrahmen: «O ihr, die ihr glaubt! Verzehrt nicht euer Vermögen untereinander in unrechtmäßiger Weise, es sei denn, ihr treibt Handel im Einvernehmen unter euch!»

Dies darf jedoch, so der Koran, nicht auf unrechtmäßige Weise geschehen. Damit wird die inhaltliche Kontrolle wirtschaftlicher Transaktionen notwendig. Wo diese Kontrolle sich allzu streng entwickelt, werden – auch in der islamischen Welt – Wege gesucht, ihrer Enge nach Möglichkeit zu entgehen.

Grundanliegen des Rechts sind die Verhinderung von Übervorteilung und die Sicherung der Seriosität von Vertragsbeziehungen. Wucher (sog. Riba) und Spekulation (sog. Gharar) sind verboten. Insbesondere das Verbot von Riba (vgl. Sure 2,275,278–280; 3,130; 30,39; 4,161) sorgt für anhaltende Debatten. Nach traditioneller Auffassung werden davon nicht nur Wucherzinsen im engeren Sinne erfasst, die jede Rechtsordnung der Welt bekämpft, sondern jegliche Zinsnahme, wie es auch im christlichen und jüdischen Mittelalter im Hinblick auf die eigenen Glaubensangehörigen üblich war.

Die weite Auslegung führte seit der Frühzeit zu Umgehungskonstruktionen (sog. Rechtskniffe, Hiyal), die sogar in juristischen Spezialwerken erläutert wurden. So konnte man Darlehenszinsen durch einen «doppelten Kauf» umgehen: Der Verkäufer «kauft» den Gegenstand nach einer bestimmten Frist für einen höheren Preis zurück, wobei die Zahlung gestundet wird. Funktional entspricht der Verkäufer damit einem Darlehensnehmer, der dem Darlehensgeber (Käufer) den «Kaufgegenstand» während der Laufzeit als Sicherheit überlässt. Auch solche Phänomene sind nicht auf den islamischen Rechtskreis beschränkt: Der durch Kreuzzugsbeute und Pilgerverkehr enorm reich gewordene Templerorden mehrte sein Vermögen bis zu seiner Zerschlagung dadurch, dass er den europäischen Adel entgegen dem kirchlichen Zinsnahmeverbot finanzierte, indem er den Kreditbetrag in Teilzahlungen zurückforderte, deren Summe den Gesamtbetrag weit überstieg.

Ein vom Recht generell anerkannter Weg wirtschaftlicher Tätigkeit ist zudem die Gesellschaftsbeteiligung; hierfür haben Rechtsliteratur und -praxis verschiedene Typen wie die stille Gesellschaft bzw. Kommanditgesellschaft (sog. Mudaraba) im Handelsbereich sowie landwirtschaftliche Gesellschaften herausgebildet. Auf ihrer Grundlage können Kapitalgeber und für die Gesellschaft Tätige ihre Erwerbsinteressen koordinieren. Anders als beim verzinslichen Darlehen, das vom geschäftlichen Erfolg inhaltlich unabhängig ist, trägt der Investor hierbei auch das Verlustrisiko mit. Darin zeigt sich ein Charakteristikum des islamischen Wirtschaftsrechts mit der (im Übrigen auch ordnungsliberalen) Tendenz, Gewinnchancen und Verlustrisiken möglichst parallel zu halten.

Nicht nur durch das weit verstandene Zinsnahmeverbot wird die vertragliche Gestaltungsfreiheit beschränkt, sondern auch durch das klassische islam-rechtliche Verbot von Spekulationsgeschäften/Risikogeschäften. Belege dafür werden etwa in den Suren 2,219; 5,90 f.; 4,29 sowie im Hadith gefunden. Generell gilt, dass die Vertragsleistungen hinreichend bestimmt und erfüllbar sein müssen. Verträge, bei denen Inhalt und Umfang der Gegenleistung noch nicht feststehen, sind deshalb problematisch. Auch hier hat sich eine umfangreiche Kasuistik entwickelt. Strittig zwischen den Schulen ist etwa, ob dem Käufer einer Sache, die er bei Vertragsschluss nicht gesehen hat, nach späterer Besichtigung ein Rücktrittsrecht zusteht oder ob die Erteilung einer Generalvollmacht zulässig ist. Andererseits herrscht im Grundsatz Einigkeit über die Zulässigkeit von Sicherungsgeschäften wie Bürgschaft und Garantie, obgleich hier bei Vertragsschluss nicht alle Umstände bekannt sein können, vor allem nicht der entscheidende Aspekt, ob der Sicherungsfall eintreten wird. Bedeutsam wird die Reichweite des Spekulationsverbots vor allem im Hinblick auf moderne Transaktionsformen des Wirtschaftsverkehrs wie z. B. Futures.

Das Horten von Waren bzw. die unlautere Ausnutzung von Monopolstellungen sind ebenfalls verboten. In Gesellschaften, in denen regelmäßig eher Warenknappheit herrscht, ist dies von besonderer Bedeutung. Die wichtigsten Maßnahmen gegen solches Vorgehen lagen meist in den Händen der Marktaufsicht. Als kein allgemeines Problem sah man anscheinend die Kartellbildung, solange dadurch nicht außergewöhnliche Notlagen ausgenutzt wurden. Eine gewisse Parallele hierzu dürfte im mittelalterlichen Zunftwesen des Abendlandes zu sehen sein; zunftähnliche Vereinigungen gab es über lange Perioden der islamischen Wirtschafts- und Sozialgeschichte hinweg.

Kartelle oder kartellähnlich abgestimmte Verhaltensweisen haben sich bis heute z. B. in der Landwirtschaft erhalten. So legen palästinensische Dorfräte feste Termine für den Beginn der Olivenernte fest. Damit soll ein Wettbewerb durch vorgezogene Vermarktung verhindert werden.

Unerlässliche Basis für wirtschaftliches Gestalten sind die rechtlich geschützte Zuordnung von Gegenständen und Rechten an Personen sowie Regelungen für eine Übertragung solcher Gegenstände. Das Eigentum an Land und beweglichen Gegenständen wird auch vom islamischen Recht als wesentliche Lebensgrundlage anerkannt und rechtlich geschützt. Im Hinblick auf bewegliche Gegenstände werden derartige Fragen meist im

Zusammenhang mit Vertragsformen erörtert, in denen es um die Regelung entsprechender Rechtspositionen und Nutzungsbefugnisse geht.

Was Grund und Boden angeht, finden sich eher selten rechtlich-abstrakte Ausformungen. In vielen Fällen sind örtliche Gegebenheiten prägend, insbesondere bei Land- und Bewässerungsrechten. Zunehmend bedeutsam wurde auch die Steuerpacht staatlicher Ländereien, die oft zu Lasten der ländlichen Bevölkerung und auf Kosten notwendiger Investitionen ausgeübt wurde. Von eminenter wirtschaftlicher Bedeutung war und ist das Recht der Stiftung (sog. Waqf), die zugunsten religiöser oder karitativer Zwecke, aber auch als Familienstiftung zulässig ist. Mit ihrer Hilfe ist es möglich, Vermögen zugunsten des Stiftungszwecks rechtlich zu binden. Je nach Konstruktion und Vermögensmasse kann dem Verwalter immense Macht zufließen.

Strafrecht

Wie frühere europäische Rechtsordnungen hat das klassische islamische Recht keine scharfe Abgrenzung des Strafrechts vom (privaten) Recht des Schadensausgleichs bei Verletzung von Rechtsgütern herausgebildet. Der letztgenannte Bereich wird meist nur sehr sporadisch behandelt, wobei die Regelung von Einzelfällen im Vordergrund steht. Insbesondere geht es dabei um den Haftungsmaßstab (Garantiehaftung oder nur Haftung bei Verschulden). Ein allgemeines System derartiger außervertraglicher Haftung hat sich nicht entwickelt.

Strafsanktionen werden in zwei unterschiedlichen Bereichen geregelt. Zum einen handelt es sich um das im Koran begründete Strafrecht, die sogenannten Hadd-Delikte oder Hudud (Plural von Hadd), zum anderen um alle übrigen vom Machthaber für strafwürdig erklärten Tatbestände, um das sogenannte diskretionäre Strafrecht oder Ta'zir.

Zum koranischen Strafrecht zählen Diebstahl (vgl. Sure 5,38), Wegelagerei (vgl. Sure 5,33 f.), Unzucht (vgl. Sure 24,2 f.), falsche Bezichtigung der Unzucht (vgl. Sure 24,4) und Alkoholkonsum (vgl. Sure 5,90). Teilweise werden nur die Straftatbestände als solche im Koran genannt, während die Strafe aus Hadithen hergeleitet bzw. durch Interpretation gewonnen wird, wobei es zwischen den einzelnen Schulen unterschiedliche Auffassungen gibt. Die vorgesehenen Strafen sind – mit früheren europäischen Rechtsordnungen vergleichbar – drakonisch: das Abschneiden der Hand bei Diebstahl; Tötung, Kreuzigung, Abschneiden von Hand und Fuß oder Verbannung bei Wegelagerei; 100 Peitschenhiebe für Unverheiratete und Steinigung für Verheiratete bei Unzucht; 80 Peitschenhiebe bei falscher Bezichtigung der Unzucht und 40 bzw. 80 Peitschenhiebe bei Alkoholkonsum. Manche zählen zu den Hadd-Delikten auch noch den Abfall vom Islam (Apostasie) und den Aufruhr. Auf Apostasie steht die Todesstrafe, Frauen müssen nach Ansicht vieler nur mit Inhaftierung rechnen.

Allerdings wurden zahlreiche Einschränkungen entwickelt, die der Anwendung solcher Vorschriften insgesamt Schranken gesetzt haben. Mögliche Täter müssen z. B. volljährig sein, und im Einzelnen können Rechtfertigungsgründe vorliegen, etwa Notlagen im Falle von Diebstahl. Auch kann tätige Reue teilweise strafbefreiend wirken. Manche Tatbestände werden sehr restriktiv ausgelegt: Koranischer Diebstahl liegt etwa nur vor, wenn das Diebesgut einen erheblichen Mindestwert erreicht und heimlich entwendet wurde. Die Wegnahme von Gegenständen, an denen dem Täter ein eigener Anteil zugemessen wird, wie beispielsweise bei Staatsvermögen oder Miteigentum, erfüllt gleichfalls nach Mehrheitsmeinung nicht den koranischen Tatbestand.

Zu erheblichen Restriktionen führt auch das Beweisrecht: So muss die Unzucht (nach Mehrheitsmeinung zählt hierzu nur der vollzogene Geschlechtsverkehr) von vier männlichen *Augen*zeugen bezeugt werden, sofern kein Geständnis vorliegt. Problematisch ist allerdings die Anerkennung der Geburt eines unehelichen Kindes als Nachweis; dies geht ganz vorwiegend zu Lasten der Frauen. Bei anderen Delikten werden sogenannte Rechtszweifel akzeptiert, z. B. die Behauptung des Diebes, er habe den gestohlenen Gegenstand irrtümlich für seinen eigenen gehalten. Insgesamt scheinen derartige Strafen selten vollstreckt worden zu sein. Die öffentliche Steinigung einer Ehebrecherin im Istanbul des 17. Jahrhunderts löste öffentliche Empörung aus (dergleichen sei seit der Frühzeit des Islam nicht mehr geschehen) und führte zur Absetzung des anordnenden Richters. Andererseits wird von einem Khan im zentralasiatischen Chiwa des 19. Jahrhunderts berichtet, der Unzucht und anderes so unnachsichtig mit dem Tode bestrafte, dass die Gelehrten seinen Eifer bremsen mussten. In vielen Fällen griffen die Machthaber indes zu Sanktionen aus dem zweiten Bereich des diskretionären Strafrechts einschließlich des Sicherheitsrechts oder Ta'zir. Mangels konkreter Regelungen hatten die Machthaber in diesem Bereich aufgrund ihrer Verwaltungskompetenz (Siyasa) fast unbegrenzte Handlungsfreiheit.

Über konkrete Einzeltatbestände wie Unterschlagung, Beutelschneiderei, Maß- und Gewichtsfälschung etc. hinaus wurden für den Ta'zir fast keine Grundsätze entwickelt. Weder finden sich Aussagen zu Minimalanforderungen für eine Bestrafung noch zu Grundsätzen der Strafbemessung. Oft wird nur gesagt, dass die Sanktion nicht härter sein dürfe als für ein vergleichbares Hadd-Delikt. Beweisrechtlicher Schutz wird dem Täter weitgehend verweigert; viele Autoren lassen auch Folter zur Geständnisgewinnung zu.

Ein Überschneidungsfeld zwischen Straf- und Privatrecht bildet das Vergeltungs- oder Talionsrecht (sog. Qisas) bei Tötung oder Verletzung von Menschen. Die wesentliche Grundlage findet sich in Koran Sure 2,178: «O ihr, die ihr glaubt! Wiedervergeltung ist euch vorgeschrieben für die Getöteten: Der Freie für den Freien, der Sklave für den Sklaven, die Frau für die Frau. Und wenn jemandem von seinem Bruder eine Sache verziehen wurde, dann gilt es, nach Billigkeit zu verfahren und Bezahlung an ihn in gütlicher Weise zu leisten.»

Das Vergeltungsrecht hatte historisch die Funktion, übermäßige Rache und damit eine ständig neue Eskalation der Gewalt einzudämmen. Bereits in der Thora bzw. im Alten Testament («Auge um Auge, Zahn um Zahn»; vgl. 3. Buch Mose 24,20) ist es zu finden und galt auch im mittelalterlichen Europa. Gerade der Islam ging auf der Arabischen Halbinsel im 7. Jahrhundert insgesamt erfolgreich gegen die fortwährenden Blutfehden vor, womit sich sein früher politischer Erfolg maßgeblich mit erklären lässt.

Im Falle der vorsätzlichen Verletzung oder Tötung steht dem Tatopfer bzw. seiner engen Verwandtschaft (Blutsippe) das Recht zu, dem Täter dasselbe zuzufügen, was er seinem Opfer angetan hat. Die Berechtigten können jedoch auch auf Vergeltung verzichten und stattdessen ein Blutgeld (sog. Diya) verlangen, das nach der Schwere des Eingriffs bemessen wird, aber auch nach den Eigenschaften des Opfers. So sollen Frauen und – nach Auffassung vieler Gelehrter – auch Nicht-Muslime nur die Hälfte dessen erhalten, was einem männlichen muslimischen Opfer zustünde; außerdem sollen Nicht-Muslimen nach verbreiteter Meinung kein Anrecht auf Vergeltung haben, weil sie im Sinne der koranischen Regelung nicht «gleichwertig» seien. Hier schlägt sich die weitgehende rechtliche Ungleichbehandlung der Geschlechter und Religionen nieder. Bei lediglich fahrlässiger Verletzung oder Tötung kann nur Blutgeld, nicht aber körperliche Vergeltung verlangt werden.

In Kontrast zu den archaischen Strafpraktiken stehen stark ausdifferenzierte und fast schon moderne Überlegungen zu den Strafzwecken. Al-Sarachsi, einer der bedeutendsten hanafitischen Gelehrten, befasste sich hiermit schon im 11. Jahrhundert im Zusammenhang mit den Tötungsdelikten. Unter Berufung auf Koran und Hadith betont er zunächst die hohe Schädlichkeit solcher Delikte. Dann unterstreicht er die Bedeutung der diesseitigen Bestrafung der Täter: Wenn der Druck (auf mögliche Täter) sich auf jenseitige Bestrafung beschränken würde, dann ließe sich nur ein sehr geringer Teil von Menschen davon abhalten. Zur wirksamen Abschreckung sei deshalb das Regime der diesseitigen Strafe und entsprechender Vergeltungsmechanismen eingeführt worden. Damit ist die rechtliche Ordnungsaufgabe – Sicherung des menschlichen Lebens durch wirksame Abschreckung – definiert.

Sodann setzt sich al-Sarachsi mit den unterschiedlichen Auffassungen zu der Frage auseinander, ob für Muslime und schutzbefohlene Nicht-Muslime derselbe Betrag an Blutgeld für Tötung oder Verletzung zu entrichten sei. Diejenigen, die eine Ungleichbehandlung zu Lasten der Nicht-Muslime fordern (z. B. Reduzierung des Betrags auf die Hälfte oder ein Drittel), stützen sich auf koranische Aussagen, wonach es keine Gleichheit zwischen Muslimen und Ungläubigen gebe (z. B. Sure 59,20), und weitere Überlieferungen. Solchen Aussagen setzt al-Sarachsi andere Koranstellen und Hadithe, aber auch eine an Ordnungsaufgaben orientierte inhaltliche Begründung entgegen: Die für die Ungleichheit sprechenden Koranstellen beträfen jenseitige, nicht diesseitige Dinge. Der Inhalt des Schutzvertrags mit den Schutzbefohlenen fordere deren Gleichbehandlung im Diesseits. Zudem seien diese in gleicher Weise wie Muslime rechtlich fähig, Eigentum zu haben; dasselbe müsse für ihre körperliche Unversehrtheit gelten. Ferner diene das Blutgeld dem Zweck der Sicherheitswahrung, und dieser sei auf das diesseitige Territorium ausgerichtet, nicht auf die Religion. Insofern bestehe für Muslime wie Nicht-Muslime im Hinblick auf Leib und Eigentum dasselbe Sicherheitsbedürfnis.

Diese Ausführungen sind nicht nur wegen ihres argumentativ entwickelten Inhalts bedeutsam. Sie zeigen zugleich exemplarisch die spezifischen Funktionen und Argumentationsmuster des Rechts auf, unabhängig davon, ob die relevanten Normen eine religiöse oder säkulare Letztbegründung erfahren.

Staats- und Verwaltungsrecht

Das traditionelle islamische Recht hat sich nur in Ansätzen mit staats- und verwaltungsrechtlichen Fragen befasst. Beides ist faktisch über viele Jahrhunderte die Domäne der Machthaber geblieben.

Am intensivsten wurde die Frage diskutiert, wem die Leitung des Gemeinwesens zukommt und in welchem Verhältnis Regierung und Rechtsgelehrte zueinander stehen. Im Vordergrund steht die Legitimation der weltlichen Macht und ihrer Handlungskompetenz in Rechtsfragen.

Historisches und rechtliches Vorbild war die Herrschaftszeit des Propheten Muhammad. Seit der Auswanderung der Muslime nach Medina im Jahre 622 vereinte er in seiner Person eine weltlich-rechtliche und geistlich-religiöse oberste Autorität. Die weltliche Funktion übernahm später sein Nachfolger/Stellvertreter (Chalifa, «Kalif»); strittig blieb, ob und in welchem Umfang dem Kalifen auch religiöse Autorität zukam.

Eine religiöse Hierarchie wie im Christentum entwickelte sich im Islam allenfalls in Ansätzen, hier vor allem im schiitischen Bereich. Bei alledem ist zu beachten, dass bis ins 19. Jahrhundert hinein weder das Verhältnis zwischen Staatswesen und Gesellschaft noch das Verhältnis zwischen Staat und Religion auf einer rechtstheoretischen Ebene in nennenswertem Umfang debattiert wurden. Die erst seit dem 20. Jahrhundert vor allem unter Islamisten verbreitete Parole «al-Islam din wa daula» («der Islam ist Religion und Staat») erhält inhaltlichen Sinn erst vor dem Hintergrund solcher Debatten. Schon deshalb müssen gegenwärtige Versuche scheitern, aus den Quellen der Vergangenheit ein islamisches Herrschaftssystem zu konstruieren.

Im Staatsrecht wird die Funktion des Kalifen meist mit der eines «Imam» beschrieben. In diesem Zusammenhang ist nicht der Vorbeter in der Moschee gemeint, sondern das Oberhaupt der muslimischen Gemeinde insgesamt. Hierfür wird oft Sure 4,59 zitiert: «O ihr, die ihr glaubt! Gehorcht Gott, und gehorcht dem Gesandten und denen unter euch, die Befehlsgewalt besitzen!»

Wer die Letztgenannten sind, wird nicht näher erläutert. Naturgemäß gehen, was dies betrifft, die Meinungen besonders weit auseinander. In der klassischen Kommentarliteratur werden hier die weltlichen Herrscher (Amir; Sultan) ebenso genannt wie die Religionsgelehrten oder die Rechtsgelehrten.

Die Frage der legitimen Herrschaft führte bereits Mitte des 7. Jahrhunderts zum weitgehenden Bruch der islamischen Gemeinschaft zwischen Sunniten und Schiiten. Nach dem letzten der sogenannten «Vier rechtgeleiteten Kalifen» (Abu Bakr, Umar, Uthman und ʼAli) entstanden Herrschaftssysteme, deren sunnitische Machthaber sich in der Frage ihrer Legitimation in der Regel wenig um die Meinungen der Rechtsgelehrten kümmerten. Im 10. Jahrhundert gab es schon drei konkurrierende

Kalifate in Andalusien (Cordoba), Nordafrika (Kairo) und im Nahen Osten (Bagdad). Auch in späterer Zeit, als die islamische Welt wiederholt Eroberungszüge und Umstürze erlebte, wurde die Legitimationsfrage eher am Rande aufgeworfen. Man beugte sich in aller Regel der jeweiligen Macht, jedenfalls solange, wie sie sich nicht direkt gegen die Geltung zentraler islamischer Normen richtete. Dies war insbesondere nach der Eroberung Bagdads durch die Mongolen im Jahre 1258 und dem Sturz der letzten verbreitet anerkannten Dynastie der Abbasiden der Fall. Theoretisch hätte der Kalif unter anderem aus dem Stamm Muhammads, den Quraisch, kommen müssen, was die vielen türkischen und mongolischen Herrscher auch mit gefälschten Genealogien nicht überzeugend vorbringen konnten.

Ibn Taimiya, ein bis heute weitgehend anerkannter Gelehrter des 14. Jahrhunderts (gestorben 1328) vertrat die Ansicht, der Muslim schulde ohnehin nur Gott und seinem Gesandten Gehorsam; die Gläubigen müssten sich in ihren jeweiligen Bereichen untereinander beraten (sogenannte Schura). Danach kann die muslimische Gemeinschaft auch in einer Vielzahl politischer Einheiten unter verschiedenen Herrschern existieren. Damit konnte Ibn Taimiya sein zentrales Anliegen, die Durchsetzung der Scharia-Normen, von einer bestimmten Herrschaftsstruktur lösen.

So entwickelte sich das Staatsrecht hin zu der pragmatischen Erkenntnis, dass das Unrecht gegenüber der Anarchie das geringere Übel sei. Darin spiegelt sich letztlich die geschichtliche Realität der islamisch geprägten Welt seit ihrer Frühzeit wider: Die bestehenden Machtverhältnisse gaben und geben den Ausschlag für die Gestaltung des jeweiligen Herrschaftssystems. Stammesloyalitäten und Proporzdenken im Hinblick auf ethnische oder soziale Gruppen oder auf Regionen stehen bei der Machtverteilung weitgehend im Vordergrund. Die Frage der legitimen Herrschaft bleibt damit offen.

Eigene Wege ging das schiitische Staatsrecht, das sich aus der Opposition gegen die als illegitim angesehene sunnitische Herrschaft entwickelte, seit dem 16. Jahrhundert jedoch teilweise auch gegen die schiitisch-weltliche Staatsgewalt. Insgesamt gesehen ist über die Jahrhunderte eine Tendenz erkennbar, den Rechtsgelehrten die Füllung der «Herrschaftslücke» bis zur Wiederkehr des erwarteten Mahdi (des letzten Imam als Messias) zuzuweisen. Vorangetrieben wurde die Entwicklung vor allem durch die schiitischen Gelehrten des 12. bis 14. Jahrhunderts, die sich intensiv mit der schafiitisch-sunnitischen Lehre beschäftigt hatten. Die letztlich dominierende Richtung entwickelte im 16. Jahrhundert die Theorie einer allgemeinen Vertretung des verborgenen Imam durch diese Gelehrten. Sukzessive sollten auf diese Weise die hochrangigen Gelehrten (Mudschtahids) die wichtigen Aufgaben erhalten: die Einziehung der Almosensteuer und des Fünften (Chums), die Verwaltung der religiösen Stiftungen, die Leitung des Freitagsgebets, die Vollstreckung der koranischen Strafen und die Erklärung des Dschihad. Damit war letztlich der Weg zur gegenwärtigen Lehre von der Herrschaft des Rechtsgelehrten (Welayat-e Faqih) mit der Übernahme der Regierung geebnet, die freilich umstritten ist. Nicht zu vergessen bleibt, dass es über die Jahrhunderte hinweg einen Konflikt mit der weltlichen Herrschaft gab, die sich über lange Zeit durchsetzen konnte, dass weiterhin eine starke Richtung innerhalb der Zwölfer-Schia die Abstinenz von weltlicher Machtausübung forderte und dass es schließlich immer wieder namhafte Gelehrte gab, die eine Kooperation auch mit der weltlichen Macht für legitim hielten.

Ein rechtstheoretisch fundiertes, auch nur annähernd konturiertes Verwaltungsrecht hat sich in klassischer Zeit nicht herausgebildet. Einzelne Ansätze finden sich bei der Behandlung von Fragen der Kompetenz zur Ausführung rechtlicher Normen, der Justizorganisation bzw. der Rechtsbehelfe und einzelner Verwaltungsinstanzen wie der Marktaufsicht und anderen Instanzen der Ordnungspolizei. Theorie und Praxis sind gerade im Verwaltungsbereich nicht immer, aber doch häufig unterschiedliche Wege gegangen. Der weltlichen Macht stand hier die Befugnis zur Verwaltung diesseitiger Angelegenheiten und zur Entscheidung zwischen unterschiedlichen Rechtsauffassungen zu (Siyasa-Kompetenz). Von ihr machten die Machthaber umfangreichen Gebrauch.

Erhebliche Willkür herrschte nicht zuletzt bei der Erhebung von Steuern und Abgaben, trotz der allmählich entwickelten rechtlichen Konturen. Muslime trifft die obligatorische Almosensteuer (sogenannte Zakat) für gewisse festgelegte Güter in betragsmäßig ebenso fixierter Höhe; sie bewegt sich zwischen 5 und 10 Prozent der Erträge, bei wertvollem Gut wie Edelmetallen auch mit entsprechenden Anteilen von der Substanz. Im Einzelnen herrscht indes viel Uneinigkeit. Hinzu treten die Grundsteuer (Charadsch) auf bestimmte Ländereien und der Fünfte (Chums) auf die Kriegsbeute (im schiitischen Recht wird der Chums auf alle abgabenrelevanten Einkünfte erhoben) sowie die Kopfsteuer (Dschizya), die von den auf islamisch beherrschtem Territorium dauerhaft lebenden Nichtmuslimen (Dhimmis) anstelle der (niedrigeren) Zakat eingezogen wird. In der Praxis wurde eine Vielzahl «ungesetzlicher» und von den Rechtsgelehrten heftig kritisierter Abgaben erhoben, zum Teil bis hin zu Konzessionsabgaben für Alkoholausschank und Bordelle.

Verhältnis zu Nicht-Muslimen

Rechtsordnungen, die sich aus den Grundlagen einer bestimmten Religion legitimieren, sind darauf angelegt, die Angehörigen dieser Religion gegenüber anderen zu privilegieren, sofern nicht deren Gleichberechtigung ebenfalls aus der herrschenden Religion abgeleitet wird. Das ist für den Islam ebenso der Fall wie für Christentum und Judentum. Im Hinblick auf Nicht-Muslime ist es jedoch möglich, ein friedliches Zusammenleben (bzw. Nebeneinander) rechtlich zu organisieren. Muslime sind stolz auf ihre Tradition, Angehörige anderer Religionen (meist) nicht getötet, vertrieben oder zwangsweise zum Islam bekehrt zu haben, Phänomene, die im christlichen Mittelalter durchaus an der Tagesordnung waren. Abhängig von den äußeren Rahmenbedingungen und dem Grundverständnis der Akteure gestaltete sich das Verhältnis recht unterschiedlich. Ausführlichere rechtliche Regelungen sind allerdings eher selten.

Die frühen Quellen entstammen einer Epoche militärischer Überlegenheit des islamischen Machtbereichs gegenüber den verfeindeten Nachbarreichen. Die koranischen Aussagen, auf die man sich wesentlich stützt, spiegeln ihrerseits die bewegte «Urgeschichte» des Islam zu Lebzeiten Muhammads wider, in der sich ein insgesamt sehr offen-positives Verhältnis zu den anderen Schriftreligionen in späteren politischen Auseinandersetzungen deutlich eintrübt. Zentrale Aussagen finden sich in Sure 2,256: «In der Religion gibt es keinen Zwang» und – zur Position der Anhänger monotheistischer «Vorläuferreligionen», insbesondere der Juden und Christen («Schriftbesitzer», Ahl al-Kitab) – etwa in Sure 2,148: «Es hat jeder eine Richtung, nach welcher er sich wendet. Wetteifert daher um das Gute!»

In der Vergangenheit wurde die Aussage zur Religionsfreiheit von vielen Gelehrten inhaltlich auf Muslime beschränkt. Allerdings gab es abweichende Auffassungen. So versteht der bedeutende Korankommentator Ibn Kathir aus dem 14. Jahrhundert die Aussage zur Religionsfreiheit in einem allgemeinen Sinn: «Es gibt keinen Zwang in der Religion, das heißt, zwingt niemanden zum Eintritt in den Islam; und dies ist eine völlig klare Aussage.» Immerhin wird auf Muhammad selbst die Bereitschaft zurückgeführt, sich in Rechtsstreitigkeiten mit anderen Gemeinschaften einem neutralen Schiedsrichter zu unterwerfen, wie bei der geschlichteten Auseinandersetzung mit dem Stamm der Banu Quraiza in Medina. Andererseits finden sich im Koran Stellen, die eine scharfe Abgrenzung bis hin zum Kampf fordern, so in Sure 9,29: «Kämpft gegen die, die nicht an Gott glauben und auch nicht an den Jüngsten Tag glauben, die das, was Gott und sein Gesandter (sc.: Muhammad) verboten haben, nicht verbieten, und die nicht der Religion der Wahrheit angehören – unter den Buchbesitzern –, bis sie erniedrigt den Tribut aus der Hand entrichten.»

Insgesamt sind die koranischen Grundlagen angesichts derart unterschiedlicher Aussagen äußerst vage und lassen viele Auslegungen zu. Damit gewinnen die außerrechtlichen Rahmenbedingungen besondere Bedeutung. Der größte Teil der einschlägigen Literatur wurde in Zeiten bewaffneter Konfrontation verfasst, beginnend in der Blütezeit des abbasidischen Kalifats, dann während der Kreuzzüge, der Reconquista und schließlich im Zuge der voranschreitenden Eroberung in der Zeit des Kolonialismus. Diese Umstände haben sich darin erkennbar niedergeschlagen.

Bereits in den frühen Werken zum islamischen Recht wurde vor diesem Hintergrund eine Zweiteilung der Welt entwickelt, die bis ins 20. Jahrhundert hinein Grundlage der Erörterungen war. Dem islamischen Herrschaftsgebiet (dem sog. Dar al-Islam, «Haus des Islam»), in dem die Normen der Scharia durchgesetzt wurden, stand der grundsätzlich als feindlich und rechtlos angesehene Rest der Welt als «Haus des Krieges» (Dar al-Harb) gegenüber. Dauerhafte Friedensschlüsse ließ die klassische Doktrin nicht zu, nur zeitlich begrenzte Waffenstillstände im Falle der eigenen Unterlegenheit waren möglich. Daran knüpft noch in der Gegenwart die Politik der Hamas gegenüber Israel an.

Im Übrigen bestand die Pflicht zur Ausbreitung der Religion auf dem Weg des Dschihad für eine hierfür hinreichende Zahl von Gläubigen (sog. Fard kifaya, also nicht für jeden einzelnen). Dschihad heißt zunächst nicht mehr als «Anstrengung, Bemühung» um die Verbreitung des Islam. «Heiliger Krieg» ist eine zumindest missverständliche Übersetzung. Die Mittel hierzu sind nicht festgelegt. Die Gelehrten verstanden darunter jedoch zweifellos vor allem den militärischen Einsatz im Sinne der Erweiterung muslimischen Herrschaftsterritoriums. Die Beschränkung des Dschihad auf diejenigen von Nicht-Muslimen beherrschten Gebiete, die sich im Konflikt mit der islamischen Herrschaft befanden, konnte sich nicht durchsetzen. Die klassische Lehre bezog sich hierbei nicht auf diejenigen Koranverse, die eine nur defensive Ausrichtung gegen Angriffe erkennen lassen, sondern betrachtete diese durch die «Schwertverse» in Sure 9,29 ff. als überholt.

Dass der Dschihad traditionell auch als bewaffneter Kampf – defensiv wie auch offensiv – zu verstehen ist, zeigt sich an den Inhalten einschlägiger Werke. Dort werden unter anderem Fragen der Heeresorganisation, der formalen Voraussetzungen für die Kriegsführung, der inhaltlichen Grenzen militärischer Aktionen im Hinblick auf Personen und Sachen, der Einhaltung religiöser Vorschriften auf feindlichem Terrain, der Beuteverteilung, der Behandlung von rückeroberten Territorien und dort befindlichen Vermögensgegenständen sowie des Umgangs mit Gefangenen und der unterworfenen Bevölkerung einschließlich Fragen der Versklavung und der Freilassung von Sklaven abgehandelt.

Deutliche Unterschiede zwischen sunnitischer und schiitischer Lehre bestehen allerdings in einem wichtigen Aspekt: Die Erklärung des offensiven Dschihad steht nach schiitischer Sicht nur dem rechtmäßigen Imam zu, der nach der dominierenden zwölfer-schiitischen Auffassung seit dem 9. Jahrhundert verborgen ist; die Sunniten hingegen billigen dies dem Kalifen zu. Erst im 19. Jahrhundert wurden schiitische Lehren entwickelt, die den Gelehrten als einstweiligen Vertretern des verborgenen Imam die Kompetenz zusprechen, den defensiven Dschihad auszurufen.

Die juristische Literatur, vor allem aber die politische Praxis seit der Entstehungszeit des Islam zeigen jedoch ebenfalls, dass militärische Auseinandersetzungen mit benachbarten Herrschaftsbereichen keineswegs die Regel sein mussten. Über die frühislamische Diplomatie ist zwar wenig bekannt und spätere Quellen sind in diesem Zusammenhang jedenfalls in Teilen unzuverlässig. Immerhin aber ergibt sich schon aus der unter Muslimen allgemein akzeptierten Prophetenbiographie die Bereitschaft zum Abschluss von Ausgleichsverträgen und Waffenstillständen. In klassischer Zeit finden sich Friedens- und Handelsverträge mit zahlreichen nichtmuslimischen Ländern. Grenzüberschreitender Handel wurde offenbar gefördert. Welches waren die juristisch-argumentativen Wege zu solchem Ausgleich?

Besonders innerhalb der schafiitischen Schule wurde die theoretisch scharfe Trennung zwischen den beiden gegensätzlichen Lagern durch die vermittelnde Kategorie «Haus des (Ausgleichs-)Vertrags» aufgehoben (sog. Dar al-Ahd oder Dar al-Sulh). Hiervon waren entgegen der Rechtsdoktrin nicht nur Unterwerfungsverträge erfasst, in denen den Unterworfenen bestimmte Rechte eingeräumt wurden, sondern auch Abkommen mit Herrschaftsgebieten, die weiterhin nicht muslimischer Oberhoheit unterstanden. Dabei war es durchaus möglich, dass die theoretisch zeitlich begrenzten Vereinbarungen durch unscharfe Inhalte und schlichte Verlängerung zu quasi unbefristeten Lösungen führen konnten.

Interner Druck auf beide Seiten konnte die Folge sein: Der schon exkommunizierte Stauferkaiser Friedrich II. wurde für die friedliche Rückgewinnung Jerusalems im Jahre 1229 ebenso heftig kritisiert wie sein Vertragspartner, der Aiyubidensultan al-Kamil, dessen Dynastie seit Saladin herrschte. Bemerkenswert ist schließlich die – wenig wirksam gewordene – osmanische, von der deutschen Politik erbetene Fatwa gegen die alliierten Gegner im Ersten Weltkrieg, die sich auch an deren muslimische Bevölkerung richtete und unter anderem den Kampf gegen Deutschland und Österreich zur schweren Sünde erklärte. Dergleichen hat durchaus Tradition. Nur am Rande sei darauf hingewiesen, dass politischer Pragmatismus und Opportunismus oft über rechtstheoretische Konzepte siegten. Das belegen Allianzen zwischen Christen und Muslimen gegen andere Christen bis hin zu Bündnissen zwischen Vatikan bzw. Frankreich und dem Osmanenreich gegen andere christliche Herrscher und umgekehrt Allianzen zwischen muslimischen und christlichen Herrschern in der Zeit von Kreuzzügen und Reconquista gegen andere Muslime.

Nicht-muslimische Personen und Gemeinschaften auf islamischem Territorium, insbesondere Christen und Juden als anerkannte Anhänger von «Buchreligionen» (sogenannte «Schriftbesitzer», Ahl al-Kitab), genossen Rechtsschutz für Leib und Leben, Eigentum und private Handlungsfreiheit sowie in gewissem Umfang auch weiterreichende Religionsfreiheit und rechtliche Autonomie. Bereits zu Muhammads Lebzeiten und unter den ersten Kalifen gab es Verträge mit nicht-muslimischen Stämmen und Religionsgruppen. Das war in der Entstehungszeit des islamischen Rechts keineswegs selbstverständlich und kann daher als zu seiner Zeit bemerkenswerter Fortschritt gelten. Andererseits behielt sich das islamische Recht den Vormachtanspruch vor, so dass Rechtsbeziehungen nicht nur unter

Muslimen, sondern auch zwischen Muslimen und Nichtmuslimen generell den islamischen Vorschriften und Gerichten unterstanden.

Die Angehörigen der Buchreligionen erhielten als Einwohner des nunmehr islamisch beherrschten Territoriums den Status von Schutzbefohlenen (sog. Dhimmi). Auf individueller Ebene erfasste dieser Schutz die Integrität der Person sowie ihres Vermögens gegenüber jedermann, den Zugang zu staatlichen Institutionen eingeschlossen. Auf kollektiver Ebene wurde in beträchtlichem Umfang die Ausübung der Religion gestattet. Im Bereich des Personalstatuts (Personenstands-, Familien- und Erbrecht) bestand eine interne Autonomie bis hin zu religiösen Gerichtsinstanzen. In rechtlichen Konfliktfällen mit muslimischer Beteiligung erhielt (und erhält) allerdings das islamische Recht generell den Vorrang.

Insgesamt werden die Dhimmis zwar in bedeutendem Umfang geschützt, jedoch keineswegs als gleichberechtigt behandelt. Rückblickende Idealisierungen sind daher fehl am Platze. Wichtige Staatsämter sollten den Dhimmis nach einhelliger Meinung unter Berufung auf verschiedene Verse des Korans verschlossen bleiben (vgl. Sure 3,28; 118; 4,115,141,144; 5,51; 57; 60,1). Gelegentlich konnten sie dennoch in hohe Ämter aufsteigen, zu anderen Zeiten wurden sie ausgegrenzt. Die mangelnde volle Zugehörigkeit zum Staatswesen wird auch dadurch dokumentiert, dass es ihnen nach Ansicht vieler Gelehrter verwehrt sein sollte, militärische Dienste zu leisten; auch hier ging die Praxis oft andere Wege.

Zudem mussten Dhimmis eine besondere, nur für sie geltende Steuer (Dschizya, «Kopfsteuer») entrichten, die häufig als Kompensation für die Befreiung vom Militärdienst gedeutet wird. Aus ersten noch zu Lebzeiten Muhammads geschlossenen Verträgen ergibt sich, dass diese Steuer teilweise als schlichte kriegsbedingte Zahlung mit einem festen Gesamtbetrag erhoben wurde. Später entwickelte man ein kohärenteres System dieser Steuer. Diese traf erwachsene freie Männer gestaffelt nach Vermögensverhältnissen. Manche Autoren verstehen die Kopfsteuer auch als Strafe für den «Unglauben» der Verpflichteten oder als Anerkennung ihrer Unterwerfung und folgern daraus, die Zahlung müsse in demütigender Weise erfolgen; andere Autoren treten dem allerdings entgegen. Nicht-Muslime sollen zudem keine Ehrenplätze einnehmen, in Gegenwart von Muslimen ihre Stimme nicht erheben, auf der Straße an den Rand ausweichen, und umgekehrt sollen Muslime sich nicht vor ihnen erheben, sie nicht als erste grüßen, ihnen weder gratulieren noch kondolieren usw. Bei der Handhabung strafrechtlich relevanter Vergeltung bzw. des finanziellen Ausgleichs für Tötung und Körperverletzung werden sie gegenüber Muslimen nach überwiegender Ansicht erheblich benachteiligt.

Bereits der erste Bagdader Oberrichter Abu Yusuf befasste sich im 9. Jahrhundert ausführlicher mit Kleidung und Auftreten der Nicht-Muslime in der Öffentlichkeit; generell sollten diese hinter dem Status von Muslimen zurückbleiben. Unter dem sunnitischen Abbasidenkalifen al-Mutawakkil (im Jahre 850) wie unter dem siebenerschiitischen Fatimidenkalifen al-Hakim (996–1021) werden einschneidende Bekleidungsvorschriften erlassen. Allerdings wurden derartige Vorschriften anscheinend nicht zu jeder Zeit und an jedem Ort geschaffen oder durchgesetzt. Zuletzt wandten die Taliban sie in Afghanistan auf nicht-muslimische Minderheiten wie Sikhs und Hindus an.

All dies war offensichtlich in jener Epoche bis weit in die Neuzeit hinein durchaus üblich. Im Vierten Laterankonzil von 1215 wird als Kanon 68 festgelegt, dass Juden und Sarazenen (Sammelbegriff für Muslime) eine Tracht zu tragen hätten, die sie von den Christen unterscheide, damit «der verfluchte Verkehr zwischen ihnen und Christen durch Irrtum» verhindert werde. In Europa galten bis in das 20. Jahrhundert hinein (auch jenseits der nationalsozialistischen Unrechtsgesetzgebung) religionsdiskriminierende Rechtsvorschriften, z. B. Eheverbote zwischen Christen und Nicht-Christen, die Qualifikation des Abfalls vom Christentum als Enterbungsgrund oder Strafvorschriften, in denen die Verleitung zum Abfall vom Christentum oder die Verbreitung einer dem Christentum widerstrebenden Lehre als Straftatbestand enthalten waren.

Die Dhimmis unterliegen grundsätzlich der Oberherrschaft

des islamischen Rechts, das sie allerdings von der Anwendung religionsbezogener Vorschriften ausnimmt. Dies betrifft beispielsweise die Verbote, Alkohol und Schweinefleisch zu konsumieren und zu vertreiben. Diesbezügliche Verträge unter ihnen sind wirksam. Allerdings ist bis in die Gegenwart zu beobachten, dass der Handel mit Alkohol oder Schweinefleisch zumindest sozialen Restriktionen unterliegt und in der Regel nicht offen praktiziert werden kann. Zudem kommt es immer wieder, besonders in Unruhezeiten, zu Übergriffen muslimischer Fanatiker.

Die kultischen Freiheiten sind ebenfalls teilweise stark eingeschränkt, insbesondere im Hinblick auf Sakralbauten. In der Regel wird danach unterschieden, ob ein Ort gewaltsam erobert oder aber auf der Grundlage eines Friedensvertrages unter muslimische Herrschaft geraten ist. Dann gelten die vereinbarten Privilegien. Derart geschützte Sakralbauten von Juden und Christen sollen nicht zerstört werden, was allerdings in der Realität wiederholt geschah, nicht zuletzt mit der Zerstörung der Grabeskirche in Jerusalem im Jahre 1009 unter dem Fatimidenkalifen al-Hakim. Der Neubau von Synagogen und Kirchen ist bis auf Einzelfälle untersagt. Reparaturen sollen aber grundsätzlich möglich sein. Bis heute unterliegt jedoch an vielen Orten die Herstellung und Renovierung von nicht-muslimischen Sakralbauten erheblichen Restriktionen, auch in der vermeintlich laizistischen türkischen Republik.

Mit dem Erstarken christlich geprägter europäischer Staaten entwickelten sich schließlich Patronatssysteme zugunsten christlicher Minderheiten im Osmanischen Reich, die diesen beispielsweise Handels- und Steuerprivilegien einräumten und sie zudem politisch stärkten. Freilich mag hierin auch der verbreitete Verdacht seinen Anfang genommen haben, diese Gruppen seien Agenten der westlichen Schutz- und Kolonialmächte, was sich in vielfachen Pogromen niederschlug, so 1860 in Damaskus, 1895 in Trabzon oder 1909 in Adana.

Die Vorschriften über die Rechtssituation der Nicht-Muslime unterscheiden eher theoretisch zwischen den Angehörigen der Buchreligionen sowie den geheimnisvollen «Sabiern», die einen gewissen Schutz genossen, einerseits und den «Polytheisten» bzw. «Götzendienern», die rechtlich schutzlos waren, andererseits. Tatsächlich wurde im Zuge der Eroberungen die religiöse Infrastruktur dieser letztgenannten Gruppen bis in die Gegenwart hinein (z. B. die Vernichtung der Buddha-Statuen in Bamian durch die Taliban im Jahre 2001) in weitem Umfang zerstört. Allerdings fand die muslimische Herrschaft in aller Regel pragmatische Lösungen. Ein möglicher Weg war, sie den im Koran erwähnten und geschützten Sabiern zuzuordnen (vgl. Sure 2,62; 5,69; 22,17). Eine andere Möglichkeit bestand darin, die einschlägigen Koranverse inhaltlich auf die arabischen Götzendiener allein zu beschränken. Ein iranischer Gelehrter der Gegenwart (Seyyed Mostafa Mohaghegh Damad) teilt etwa die Zoroastrier neben Juden und Christen umstandslos den «drei göttlichen Religionen» zu.

Einen Sonderstatus genießen Nicht-Muslime aus nicht islamisch beherrschtem Gebiet, die sich nur eine Zeit lang auf islamischem Territorium aufhalten. Grundsätzlich werden die Einwohner dieser Gebiete in der Theorie als feindliche Fremde angesehen, deren Blut und Vermögen kein Rechtsschutz zukommt. In der Praxis wären damit indes auch erwünschte grenzüberschreitende Handelskontakte unmöglich. Solchen Personen kann deshalb eine Schutzgarantie (sogenannter Aman) gegeben werden. Inhabern einer derartigen Schutzgarantie kommt (als sog. Musta'min) dann weitreichender Rechtsschutz für Person und Vermögen zu, der über denjenigen von Dhimmis hinausreicht. Der Musta'min unterliegt zwar auch der geltenden islamischen Rechtsordnung, wird aber von ihren einzelnen Regelungen weitgehend ausgenommen. Für die Besteuerung gelten unterschiedliche Bestimmungen: Der Musta'min ist von Kopf- und Grundsteuer befreit, während Zölle und andere Abgaben hingegen erhoben werden können.

In Reiseberichten werden entsprechend wohlwollendes Verhalten der islamischen Staatsmacht und gastfreundliches Verhalten gegenüber Pilgern und Händlern beschrieben, wenngleich auch immer wieder Übergriffe stattfanden. Mit Erstarken der europäischen Kolonialmächte wurden deren Angehörige in

Abkommen mit islamisch geprägten Staaten immer weiter privilegiert und zum Schluss fast vollständig von der territorialen Rechts- und Gerichtsgewalt ausgenommen.

4. Reformen seit dem 19. Jahrhundert

Ursachen, Ziele und Methoden

Nach der Dogmatisierung des islamischen Rechts insbesondere durch die Werke al-Schafi'is im 10. Jahrhundert zeigten sich bis zum 16. Jahrhundert vergleichsweise wenige Fortentwicklungen. Reformen, etwa durch den osmanischen Sultan Süleyman (reg. 1520–1566), dem man im nicht-muslimischen Europa den Beinamen «der Prächtige» gab, der im Osmanischen Reich aber «der Gesetzgeber» (Qanuni) genannt wurde, waren zwar durchaus bedeutend. Vor allem jedoch seit dem 19. Jahrhundert erlebte das islamische Recht Veränderungen in einem Umfang, die seine Gestalt in den meisten Bereichen grundlegend neu ausgestalteten.

Die Gründe für Reformen sind sowohl in der betroffenen Region selbst als auch in den Auswirkungen des Kolonialismus zu finden. Bei den systemimmanenten Veränderungen handelt es sich aus Sicht der Gelehrten schlicht um Neuinterpretationen der vorhandenen Quellen und nicht um systemwidrige Eingriffe.

Vor allem die Entstehung relativ starker, mehr und mehr zentralistischer Herrschaftsstrukturen in weiten Teilen der islamischen Welt führte zu neuer Deutung und zur Schaffung neuer Regelungen. Gleichzeitig wurden einheitliche Rechtsvorschriften begründet, die von einer staatlich durchgesetzten Institutionenbildung begleitet waren. Damit brachte man insbesondere die wirtschaftlich mächtigen Stiftungen (Waqf) weitgehend unter staatliche Kontrolle.

Seit etwa 1800 erzwang darüber hinaus das weltweit rapide Bevölkerungswachstum letztlich dichtere Regelungen und Strukturen zur Ordnung des Zusammenlebens. Zunehmende technische und infrastrukturelle Möglichkeiten der überregionalen und internationalen Kommunikation und des Gedankenaustauschs inspirierten wenig entwickelte Bereiche des Rechts, vor allem das Verwaltungs- und Wirtschaftsrecht.

Nicht zuletzt ist die koloniale Unterwerfung weiter Teile der islamischen Welt zu nennen. Speziell die französische, teils auch die britische Kolonialverwaltung suchten manche Rechtsbereiche im Sinne einer «mission civilisatrice» europäischen Standards anzupassen. Weitgehend ausgespart blieb in diesem Zusammenhang der für das muslimische Selbstverständnis besonders bedeutsame Bereich des Personenstands-, Familien- und Erbrechts. Allerdings wurden auch hier teils umfangreiche gesetzliche Regelungen geschaffen. Diese führten partiell zur Konservierung einer zuvor durchaus dynamischen Rechtsmaterie, teilweise sogar auf inhaltlich falsch verstandenen und formulierten Grundlagen wie etwa in Britisch-Indien. Dort entstand auch das Hybrid des «Anglo-Muhammadan» Law, in dem islamische Normen mit Grundsätzen und Verfahrenstechniken des englischen Rechts verbunden wurden.

Die Stärkung der Zentralmacht, die Vereinheitlichung der zuvor bestehenden Normenvielfalt und die Zurückdrängung paralleler Institutionen schufen einerseits ein höheres Maß an Rechtssicherheit, schränkten jedoch andererseits die Vielfalt der Zugangsmöglichkeiten zu normativen Fragen ein

In einigen mehrheitlich von Muslimen bewohnten Staaten wie der Türkei sowie den Staaten des Balkan und Zentralasiens wurde das islamische Recht gänzlich abgeschafft und durch europäische Gesetze unterschiedlichster Couleur ersetzt. Eine Rückkehr zum islamischen Recht wird dort, von Extremisten abgesehen, nicht ernsthaft diskutiert, so dass diese Regionen hier außer Betracht bleiben können. Diejenigen Staaten, die systemimmanente Reformen/Neuinterpretationen vornahmen, konnten sich auf ein teils etabliertes, teils neu entwickeltes methodisches Instrumentarium stützen.

Charakteristisch für moderne Entwicklungen sind die zunehmende staatliche Kodifizierung des islamischen Rechts sowie die Einrichtung juristischer Ausbildungsstätten und klarer

strukturierter Instanzen der Rechtsdurchsetzung. Die erste große Kodifikation bildete das osmanische Zivilgesetzbuch, die sogenannte Mecelle von 1876, die strukturell europäischen Geset-
zen gleicht, jedoch genuin islamische Inhalte aufweist. Sie gibt
zudem wesentliche Instrumente an die Hand, mit deren Hilfe
Neuinterpretationen und damit faktisch Reformen durchgeführt werden können. Exemplarisch heißt es in Art. 39: «Dass
sich die Bestimmungen durch den Wandel der Zeiten ändern,
kann nicht geleugnet werden.»

Mit den grundlegenden Schriften von Reformern wie Muhammad 'Abduh, der 1899 Mufti Ägyptens und Mitglied des
Gesetzgebenden Rates wurde, erhielt die Anwendung des Idschtihad wieder breiten Raum. Gerade in Ägypten, dem Mutter-
land vieler zeitgenössischer Gesetze in der arabisch-islamischen
Welt, hat sich seit der zweiten Hälfte des 19. Jahrhunderts eine
starke Bewegung formiert, welche die eigenständige Interpretation von Normen propagiert. Seither stellt diese Doktrin den
wesentlichen Schlüssel für Reformen dar.

Außerdem wurden unterschiedliche Schulmeinungen kombi-
niert (sog. Tachaiyur). Damit erreichte man erhebliche Erleichterungen etwa für scheidungswillige Ehefrauen, deren Ehemänner über längere Zeit verschwunden waren, was beispielsweise
im Ägypten des frühen 20. Jahrhunderts häufig vorkam. Nach
hanafitischem Recht galten sehr strenge Voraussetzungen für
eine solche Ehescheidung, wobei ausbleibende Unterhaltszahlungen allein nicht ausreichten. In diesem Fall bediente man
sich der malikitischen Doktrin. Danach kann eine Ehe auch
dann aufgelöst werden, wenn der Ehemann unheilbar krank,
länger abwesend, inhaftiert oder verschollen ist, wenn er seine
Unterhaltspflichten verletzt oder ein Zusammenleben wegen
seiner Verfehlungen unzumutbar ist.

Im Indien des 19. Jahrhunderts gab es einen spektakulären
einschlägigen Fall (Bombay High Court 1864 in Ibrahim gegen
Ghulam Ahmad) für individuellen Tachaiyur. Ein schafiitischer
Vater hatte die Annullierung der von seiner volljährigen, erstmals verheirateten Tochter eingegangenen Ehe beantragt, weil
sie ohne seine Zustimmung geschlossen worden war. Nach

schafiitischem Eherecht hätte der Klage stattgegeben werden müssen. Das Gericht wies sie jedoch ab, weil die Tochter sich darauf berief, die Ehe als Hanafitin eingegangen zu sein, und sie nach hanafitischem Recht dieser Zustimmung nicht bedurfte. Einen Wechsel der Schulzugehörigkeit durch schlichte Erklärung hielt man für ausreichend. Derartige Mechanismen sind bis heute verbreitet und geeignet, Härten bestimmter Schulmeinungen abzumildern.

Juristisches «patchwork» ist also durchaus etabliert. Für angestrebte Reformen erschließt sich auf diese Weise ein enormes Potential, kann man doch für eine Vielzahl von Fragen auf ganz unterschiedliche Argumentationsstränge und Rechtsergebnisse zurückgreifen.

Noch weitergehend stellen manche den Nutzen der Rechtsschulen überhaupt in Frage. So schreibt der türkische Gelehrte Yaşar Nuri Öztürk, die Rechtsschulen «verfolgten ihr Ziel entweder rechts oder links von dem Weg des Gleichgewichts. Und das ist der Grund, weshalb sie den islamischen Gesellschaften keinen positiven Beitrag gebracht haben. Denn sie alle haben einen Weg eingeschlagen, der mehr oder weniger dem Hauptziel des Korans widerspricht.» Solch harsche Kritik ist unter den islamischen Gelehrten zwar die Ausnahme geblieben, sie taucht aber meist gerade dort auf, wo Vertreter bestimmter Rechtsschulen auf einem besonders traditionalistischen Konzept beharren und sich gegen erwünschte Reformen sperren.

Darüber hinaus wird eine Erweiterung der «akzeptierten» Schulen diskutiert. Nicht nur die vier sunnitischen Hauptschulen, die sich in der Vergangenheit durchgesetzt hatten, sondern auch Mindermeinungen sowie die Ansichten der Schiiten («fünfte Schule») könnten zur Entscheidungsfindung herangezogen werden.

Über die Anerkennung des Meinungspluralismus hinaus könnten wesentliche Neuerungen bewirkt werden, wenn Rechtsvorschriften unter Berücksichtigung ihrer Entstehungsgeschichte und ihres (überzeitlichen) Zwecks ausgelegt würden. Die Frage nach den Gründen für die Offenbarung (Asbab al-Nuzul) stellten sich schon Gelehrte der Frühzeit; hieran kann die Moderne ohne Weiteres anknüpfen. Auf dieser Grundlage ist es möglich, die historische Eingrenzung bestimmter Vorschriften zu begründen, etwa solcher, die sich gegen Angehörige anderer Religionen richten. Sie bleiben – drakonischen Strafvorschriften der Bibel im 3. Buch Mose vergleichbar – zwar im Text der Offenbarungsschrift enthalten, gelten aber nicht mehr fort.

Mit der Frage nach dem Sinn und Zweck (Fachbegriffe sind maqasid oder maslaha/masalih) von Vorschriften wird es möglich, anstatt am Wortlaut einer Vorschrift zu kleben, eine sinnorientierte «Dynamisierung» zu erreichen. Anders als die im Wesentlichen als unveränderlich angesehenen religiösen Vorschriften sollen danach Rechtsvorschriften dem Allgemeinwohl als oberstem Zweck dienen, der seinerseits menschlicher Verstandeserkenntnis zugänglich ist. Als klassische Referenzen werden hierfür häufig Ibn Qaiyim al-Dschauziya (1292–1350), al-Schatibi (gest. 790/1388) sowie einige andere prominente Gelehrte herangezogen. Ansätze für diese Herangehensweise kann man bereits bei dem herausragenden Gelehrten al-Ghazali (gest. 1111) finden.

Die Bestimmungen über Frauenrechte im Koran beinhalten beispielsweise nach der unter Muslimen allgemein übereinstimmenden Einschätzung eine deutliche Verbesserung gegenüber dem zuvor bestehenden Zustand. Hierauf gestützt zeichnet sich ein Gegensatz zwischen «fortschrittlichem» Koran und dahinter zurückbleibender traditionalistischer Jurisprudenz der klassischen Zeit ab.

Islamische Frauenrechtlerinnen, aber nicht nur sie, argumentieren häufig auf dieser Basis. Seyyed Mostafa Mohaghegh Damad, ein prominenter iranischer Jurist, interpretiert etwa die grundsätzlich nur männlichen Verwandten zustehende Vormundschaft über die minderjährigen Kinder (Walaya) als eine rein personelle Beziehung; andere «Schutzmaßnahmen» für die Kinder seien von diesem Begriff nicht erfasst. Damit wird entgegen dem vorherrschenden Verständnis die Vormundschaft «entrechtlicht», so dass die damit verbundene rechtliche Schutzfunktion auch von anderen – weiblichen – Personen übernommen werden kann.

Die weitreichende Neuinterpretation des islamischen Rechts kann sich auf den Umstand stützen, dass die Offenbarung des Korans und das Leben des Propheten Muhammad in das siebte christliche Jahrhundert fallen und dessen besonderen Verhältnissen Rechnung tragen. Nur wenige Interpreten aus dem juristischen Bereich gehen allerdings so weit, den Koran generell einer historisch-kritischen Auslegung zu unterziehen. Dahingehende Versuche können z. B. an der Trennung zwischen mekkanischen und medinensischen Offenbarungen anknüpfen. Solche Ansätze verfolgten unter anderem der Sudanese Muhammad Mahmud Taha, der seine Ansichten mit dem Leben bezahlen musste, und schon zuvor der Ägypter Ali Abd al-Raziq (geb. 1888), der immerhin seine Stellung als Scharia-Richter verlor. In der Gegenwart setzen sich derartige Positionen aber unter Intellektuellen in erheblichem Maße durch.

Häufig wird schlicht eine Trennung des neu zu erforschenden «eigentlichen» Koraninhalts von den überlieferten, als veraltet angesehenen Schriften und den Elementen unbegründbaren Volksglaubens gefordert. So stützt sich Hüseyin Atay hinsichtlich des Ehescheidungsrechts auf die Suren 4,35 und 65,2 und leitet daraus ab, dass die Scheidung nach einem fehlgeschlagenen Vermittlungsversuch gerichtlich vor zwei Zeugen erfolgen könne: Weitere Erfordernisse – sowohl im Hinblick auf scheidungswillige Ehemänner als auch auf Ehefrauen – erkennt er nicht an, sondern ordnet solche einem patriarchalischen Vorverständnis früherer Rechtsgelehrter zu, welches die im Koran angelegte Gleichberechtigung der Geschlechter verkenne. Die pakistanische Juristin Shaheen Sardar Ali gibt ihrem Buch über Frauenrechte im Islam (Gender and Human Rights in Islam and International Law, 2000) auf derselben Linie den programmatischen Untertitel: «Equal before Allah, Unequal Before Man?» Ein vergleichbarer Ansatz ist die Neuinterpretation solcher Aussagen, die von klassischen Juristen nicht als rechtlich, sondern «nur» als moralisch bedeutsam behandelt werden, wie etwa Aussagen zur Gleichberechtigung der Geschlechter. Fasst man derartige Aussagen nunmehr als rechtsverbindlich auf, so werden damit ältere Entscheidungen überholt, die sich auf abweichende

Erklärungen gestützt haben. Eine solche Vorgehensweise pflegen insbesondere muslimische Autorinnen, die zwischen Islam und Auswirkungen des in vielen Regionen herrschenden Patriarchats unterscheiden. Aber auch durchaus traditionell orientierte Gelehrte wie der intensiv in den Medien wirkende Ahmad al-Kubaisi stellen fest, dass Frauen herkömmlich nicht an der Auslegung islamischer Regeln beteiligt waren. Die damit befassten Männer hätten – wenngleich nicht in böser Absicht – dementsprechend oft Regelungen in Familienangelegenheiten und Fragen des Geschlechterverhältnisses getroffen, die den Männern nutzen.

Derlei Ansätze werden gegenwärtig vor allem an der geographischen Peripherie der islamischen Welt wie in der Türkei und in Südostasien, aber auch in Tunesien oder Marokko sowie im Iran entwickelt und stoßen insbesondere in der arabischen Welt und beim derzeitigen iranischen Regime auf massiven Widerstand. Einige Vordenker sind vor Bedrohungen und Zwangsmaßnahmen mittlerweile in den Westen geflohen. Ihre Gegner finden sich nicht nur unter Islamisten, sondern auch in breiten Teilen des traditionalistischen Mainstreams unter den Gelehrten. Während diese nur faktisch durchgesetzte Reformen weitgehend widerstandslos hinnehmen, wehren sie sich erbittert gegen grundsätzlich angelegte Neuinterpretationen. Hierzu meinte der ehemalige pakistanische Justizminister Brohi:

«In der islamischen Welt muss sich die Forschung auf dem Gebiet des Rechts auch gegen die Intoleranz der sogenannten Ulama (...) durchsetzen, die sich selbst für die Bewahrer des Glaubens halten und, was noch schlimmer ist, im Falle der allergeringsten möglichen Abweichung, die in den Schriften selbst akademisch gebildeter Autoren zum Thema Recht und gesetzliche Institutionen wahrnehmbar sein könnte, die dafür verantwortlichen Schriftsteller als Häretiker brandmarken. Das Ergebnis ist, dass es kaum nennenswerte Beiträge zur Literatur des Islams aus der Feder von Denkern in muslimischen Ländern gibt; es ist lediglich in nichtmuslimischen Ländern, wo man einige Versuche antrifft, die Wiedererrichtung des islamischen Gedankenguts, Rechts und gesetzlicher Institutionen voranzutreiben.»

Unterhalb der Schwelle allgemeiner Neuinterpretation ist die zeitorientierte Auslegung in einer Vielzahl von Einzelfragen vorzufinden. Ein Beispiel ist die Mindergewichtung des Zeugnisses von Frauen in Sure 2,282 (die Aussage zweier Frauen entspricht derjenigen eines Mannes). Diese Regelung steht im Kontext der beweismäßigen Dokumentation bestimmter Finanztransaktionen. Die moderne Ansicht kann nun argumentieren, dass die Regelung mangelnde Versiertheit von Frauen in solchen Dingen voraussetzt. Wenn jedoch Frauen sich darin ebenso auskennen, sei ihr Zeugnis ebenso viel wert wie das von Männern.

«Sanfte» Reformtechniken zeigten sich in der Einführung von formalisierten Verwaltungs- und Gerichtsverfahren, mit deren Hilfe beispielsweise die Polygamie oder die Minderjährigenehen eingeschränkt werden konnten. So versucht man in Ägypten oder Indonesien, die unerwünschte Heirat von Minderjährigen durch mittelbaren sozialen Druck zurückzudrängen: Zwar werden auch informelle Eheschließungen unter sehr jungen Beteiligten weitgehend als wirksam angesehen. Jedoch verlangt der Gesetzgeber für die offizielle Registrierung ein Mindestalter (z. B. 15 oder 18 Jahre) und knüpft die Möglichkeit, gerichtliche Ansprüche aus der Ehe geltend zu machen, an die offizielle Registrierung. Dadurch sollen insbesondere die Eltern minderjähriger Mädchen davon abgehalten werden, ihre Töchter in derart ungesicherte Positionen eintreten zu lassen und sie der Willkür der (oft sehr viel älteren) Ehemänner auszusetzen. Solche Wege werden meist dort beschritten, wo eine stärkere, gänzlich menschenrechtskonforme Schutzgesetzgebung auf massiven sozialen Widerstand durch traditionalistische Bevölkerungsgruppen stößt. Dies ist bis heute im Bereich des Familien- und Erbrechts vielerorts der Fall. Dessen klassische patriarchalische Ausprägung wird von Traditionalisten als Kernelement des Islam verstanden, das sie gegen angeblich verderbliche westliche Einflüsse verteidigen wollen. Dennoch hat es auch hier in vielen – nicht in allen – Teilen der islamischen Welt substantielle Verbesserungen für Frauen gegeben, auch wenn noch nirgends völlige Gleichberechtigung erreicht ist.

Vieles, was uns als «islamisch» gegenübertritt, beruht allerdings auf regionalen kulturellen Gewohnheiten, die teilweise überhaupt nicht mit dem klassischen oder gar modernen islamischen Rechtsverständnis zu vereinbaren sind. Ein Beispiel ist die völlige Entrechtung von Frauen im paschtunischen Stammesrecht, welches das Leben in weiten Teilen Afghanistans und Pakistans prägt, oder der sogenannte «Ehrenmord». Zudem werden manche rigorosen Vorschriften durch soziale Ausgleichsmechanismen abgemildert, etwa bei der einseitigen Scheidungserklärung durch den Ehemann, der sich diesen Schritt überlegen wird, wenn er den Großfamilienzweig, mit dem er durch die Ehefrau verbunden ist, nicht gegen sich aufbringen will. Dennoch wird auch unter Muslimen heute verbreitet weiterer Reformbedarf gesehen, wobei die traditionelle Gelehrtenschaft immer noch starken Widerstand leistet. Das zeigt sich beispielsweise bei gegenwärtigen Versuchen im Jemen, das Heiratsmindestalter anzuheben, um die unerträgliche Zwangsverheiratung junger Mädchen zu verhindern. In diesen Bereichen dient das Festhalten an traditionellen Regelungen auch als politisches Signal kulturellen Selbstbehauptungswillens gegen eine vermeintliche Überfremdung aus dem Westen. Nicht zuletzt stellt dieses Feld eine der wenigen von der Scharia-Gelehrtenschaft und ihren Institutionen behauptete Domäne dar.

Abgeschafft wurde zudem die Sklaverei, zuletzt 1972 in Saudi-Arabien. Allerdings haben sich solche Phänomene in einigen Regionen Afrikas (z. B. Mauretanien) bis heute erhalten. Auch der Umgang mit muslimischen, vor allem aber nicht-muslimischen Hausangestellten auf der arabischen Halbinsel ist davon nicht weit entfernt. Im arabischen Raum findet sich noch eine verbreitete Verachtung Schwarzer, die sich nicht selten in rassistischen Übergriffen niederschlägt. Dies steht in starkem Kontrast zu den Lehren des Islam, der eine anti-rassistische Grundhaltung pflegt.

Insgesamt betreiben die Gesetzgeber in der islamischen Welt, abhängig von den jeweiligen politischen Machtverhältnissen, Reformen meist nur vorsichtig. Je größer die auch religiös akzeptierte Legitimation des Herrschers bzw. je weiter der Säkularisierungsprozess fortgeschritten ist, desto eher finden sich grundlegende Reformen. Marokko (insbesondere 2004) und Tunesien (1956/57) sind Beispiele hierfür im Bereich des Familienrechts. Vielerorts erfolgen Veränderungen punktuell und ohne offene Auseinandersetzung mit den oft noch einflussreichen Vertretern des Traditionalismus. Sie bleiben daher häufig fragil und ohne systematische rechtstheoretische Unterfütterung. Dies macht es Reformwilligen vergleichsweise schwer, ihren Interpretationen breite Überzeugungskraft zu verleihen. Teilweise werden parallel zu Reformen eine entsprechende Aus- und Fortbildung sowie die Schaffung neuer Justizstrukturen betrieben, um ihre praktische Durchsetzung zu gewährleisten.

Nur wenige Staaten mit muslimischer Bevölkerungsmehrheit haben sich ganz vom islamischen Recht abgewandt, so die Türkei (in den 1920er Jahren), Albanien und die ehemals sowjetischen Staaten Zentralasiens. Nur kleine Minderheiten fordern dort die Rückkehr zum System des islamischen Rechts.

Ehe-, Familien- und Erbrecht

Nicht wenige Gesetzesreformen zur «Modernisierung» erfolgten in einem Kontext von Despotismus und Korruption ohne demokratisch-rechtsstaatliche Ansätze. Manche zeitgenössischen Muslime beklagen, dass bei diesen Maßnahmen das islamrechtliche Instrument des Idschtihad zu wenig genutzt wurde. So konnte die durchaus islamkonforme Übernahme von Errungenschaften und Erkenntnissen aus anderen Kulturkreisen von Traditionalisten und Islamisten als islamwidrige Verwestlichung gebrandmarkt und verteufelt werden. Dieser Verdacht gegen Reformen wird teils noch heute meist auf intellektuell sehr dürftigem Niveau geschürt, was sich besonders nachhaltig in der im Grundanliegen verständlichen, zum Teil aber geradezu zwanghaft verfolgten «Bewahrung» der muslimischen Familie und der damit verbundenen Konservierung überlebter Geschlechterrollen niedergeschlagen hat. Auffällig ist die Fülle neuzeitlicher Literatur zur besonderen Rolle der Frau in der islamischen Gesellschaft. Oft steht vor allem im Vordergrund, was die Frau alles nicht tun dürfe. Das geht so weit, dass immer wieder ernstlich debattiert wird, ob sie das Einverständnis des Ehemannes zur Änderung ihrer Frisur benötige.

Häufig mischen sich patriarchalisch-kulturelle Prägungen mit einer traditionell-islamischen Legitimation der bestehenden Verhältnisse. Die Wissenschaftlerin Taj Hashmi aus Bangladesch hat in ihrer aufschlussreichen Studie zu Frauen und Islam in Bangladesch unter anderem die Arbeit ländlicher Streitschlichtungsinstitutionen (salish courts) untersucht. Sie spricht davon, dass der Mythos, die Entscheidungen von ländlichen Mullahs, «selbsternannten Hütern des Islam», seien mit dem Recht der Scharia verbunden, zerstört werden müsse. Auch nicht-praktizierende und nicht-glaubende Männer bestünden auf der Anwendung sogenannten Scharia-Rechts, um ihre Angehörigen, meist Schwestern, um ihr gleichberechtigtes Erbe zu bringen. Der (dies unterstützende) Mullah sei nur ein Helfer und Kollaborateur der mächtigen Dorfältesten, besäße allerdings in seiner Funktion als Ausleger der Scharia großen Einfluss auf die Massen.

«Der größte Teil der bäuerlichen und nicht-bäuerlichen Bevölkerung befürwortet das Patriarchat, und sowohl ‹islamistische› als auch ‹säkulare› bangladeschische Muslime legitimieren leidenschaftlich die Unterdrückung und Entrechtung von Frauen im Namen des Islam. (...) Insgesamt gesehen war das Patriarchat der wichtigste Stolperstein auf dem Weg zur Stärkung der bangladeschischen Frauen. Die Wunschheirat zwischen Patriarchat und Volksislam hat die Situation weiter verschärft.»

Norani Othman, Mitglied der malaysischen «Sisters in Islam», betont deshalb die Notwendigkeit, zwischen dem Kulturerbe der muslimischen Gesellschaften des Mittleren Ostens und dem zu unterscheiden, was der Islam eigentlich sei. Ein solches Erfordernis kann sich gerade in einem multireligiösen Land mit eigener kultureller Tradition stellen. Zugleich wird deutlich, dass sich die Untersuchung des islamischen Rechts nicht auf den Vorderen Orient beschränken kann.

Bedauerlicherweise ist auch außerhalb der islamischen Welt das Vorurteil verbreitet, dass nur traditionalistische oder islamistische Haltungen den «eigentlichen» Islam repräsentierten.

Manche plumpen Islamgegner propagieren diese Sicht geradezu, womit den Hardlinern letztlich nur Schützenhilfe geleistet wird: Die essentialistische Sicht auf einen angeblich unveränderbaren Islam entgegen allen historischen Erkenntnissen bildet die Basis für eine sich gegenwärtig entwickelnde «Desintegrationsindustrie» (Klaus Bade), die den Islam pauschal als Gegenentwurf zur aufgeklärten westlichen Welt zeichnen will. Patrick Bahners (Die Panikmacher, München 2011) und Thorsten Schneiders (Islamfeindlichkeit, Wiesbaden 2009) haben derartige Pauschalisierungen entlarvt. Solch essentialistischer Sicht widerspricht beispielsweise die Deutung von Sure 4,34, wonach die Männer über die Frauen gestellt seien, die der prominente bosnische Muslim Ismail Balić vornahm: Seiner Auffassung nach gleicht diese Koranstelle nur «einer soziologischen Feststellung, die den Zustand einer patriarchalischen Gesellschaft charakterisiert. Sie enthält keine Verhaltensregel.» Auch hier zeigt sich die prinzipielle Interpretationsoffenheit und -bedürftigkeit der Quellen des Islam.

Obwohl sich die Grundstruktur des traditionellen Familienrechts bis heute weitgehend erhalten hat, sind seit dem 20. Jahrhundert doch teilweise weitreichende Reformen durchgeführt worden. Manche von ihnen beschränkten sich darauf, Entwicklungen in der klassischen Lehre in Gesetzesform zu gießen, beispielsweise Regelungen über die Brautgabe. Als Reaktion auf gewandelte wirtschaftliche und soziale Verhältnisse wurden traditionelle Vorschriften in manchen Staaten ergänzt, etwa um Bestimmungen über die Inflationsanpassung der (gestundeten) Brautgabe oder die Zuweisung der Ehewohnung nach der Ehescheidung.

In der modernen Ehe- und Familiengesetzgebung auf der Grundlage der Scharia gibt es weitreichende Übereinstimmung in den Zielen: Beispiele für einen als dringend empfundenen Reformbedarf finden sich in vielfältigen Bemühungen, die Minderjährigenheirat abzuschaffen oder wenigstens einzudämmen. Fast überall wurde zur Sicherung der Selbstbestimmung das Heiratsmindestalter angehoben und mit bestimmten Altersangaben festgelegt, die sich meist zwischen 15 (im Iran 13) und

20 Jahren bewegen, wobei häufig das Mindestalter der Frauen etwas unter dem der Männer liegt. Ausnahmeregelungen unter elterlicher und/oder gerichtlicher Beteiligung kommen regelmäßig vor.

Verbreitet finden sich Reformen mit dem Ziel, die Freiheit bei der Wahl des Ehepartners zu gewährleisten, insbesondere zum Schutz von Frauen. Die nach klassischem Recht in bestimmten Fällen mögliche Zwangsverheiratung durch den Ehevormund (Wilayat al-idschbar) wurde weitestgehend abgeschafft, zuletzt 1993 in Marokko. Soweit ersichtlich, ist sie rechtlich nur noch im malaysischen Bundesstaat Kelantan zulässig. Das Phänomen der Zwangsehe ist allerdings noch keineswegs beseitigt. Gerade auf dem indischen Subkontinent und in Afghanistan kommen solche Eheschließungen immer noch regelmäßig vor. Über Migrationsprozesse haben sie mittlerweile auch in Europa Einzug gehalten. Mit alledem ist nicht die noch mehrheitlich übliche arrangierte Heirat unter Vermittlung von Familienangehörigen gemeint, sondern eine Eheschließung, die nicht mehr auf freiwilliger Eigenentscheidung beruht, selbst wenn sie nicht unter äußerlich sichtbarer Zwangseinwirkung erfolgt.

In Marokko wurde zudem die traditionelle Regelung abgeschafft, wonach Frauen – anders als nach hanafitischem Recht – in jedem Falle zur Eingehung einer Ehe eines männlichen Ehevormundes (Wali) bedürfen. In Algerien war die Vorgehensweise nicht so radikal, hier überlässt man es jedoch der Braut, sich selbst einen passenden Vormund zu wählen, wobei das Geschlecht nicht festgelegt ist.

Umfangreich sind Initiativen, die Polygamie zurückzudrängen. In Tunesien ging man 1956 so weit, diese gänzlich zu verbieten. Methodische Grundlage dafür bildete der erwähnte Idschtihad, indem man die beiden Koranstellen, in denen die Polygamie angesprochen wird (Sure 4,1–4; 129), neu interpretierte, gestützt auf durchaus systemimmanente Argumentationsstränge, die bereits der ägyptische Jurist und Reformdenker Qasim Amin um die Wende zum 20. Jahrhundert entwickelt hatte. Der Hinweis, Gleichbehandlung sei letztlich nicht möglich, wurde entgegen der traditionellen Auffassung als Widerspruch zur nun als zwingend angesehenen Gleichbehandlung interpretiert. In anderen Staaten erfolgte die Einführung einer Zustimmungspflicht durch die Erstfrau und/oder das zuständige Familiengericht, der Erstfrau wurde ein Scheidungsrecht eingeräumt, oder die Beteiligten mussten zumindest informiert werden. Für berechtigte Irritationen sorgten andererseits nach dem Sturz der Diktatur Gaddafis im Jahre 2011 Äußerungen des Vorsitzenden des Übergangsrats in Libyen, wonach die Eingehung polygamer Ehen erleichtert werden sollte. Allerdings zeigte die Berichterstattung, wie wenig ihre Autoren über Fragen des islamischen Rechts informiert waren: In weiten Teilen westlicher Medien wurde von der «Einführung» der Polygamie bzw. islamischen Familienrechts berichtet. Tatsächlich war beides in Libyen längst geltendes Recht. Es ging lediglich um die – sicherlich wichtige – Frage des Zustimmungsbedürfnisses.

Bei der Verteilung der ehelichen Rechte und Pflichten dominiert nach wie vor eine patriarchalische Sicht: Der Ehemann ist Familienoberhaupt und für den finanziellen Unterhalt verantwortlich. Dagegen ist die Ehefrau für die Haushaltsführung zuständig und schuldet ihrem Gatten «Gehorsam». Ein Gehorsamsverstoß soll etwa dann vorliegen, wenn sie sich ohne Zustimmung des Ehemannes aus der ehelichen Wohnung entfernt oder sexuell verweigert; dann verliert sie ihren Unterhaltsanspruch. Verbreitet finden sich aber nun Regelungen, die den Handlungsspielraum von Ehefrauen auf gesicherter rechtlicher Basis wenigstens erweitern sollen. Hier sind insbesondere Bestimmungen zu nennen, die der Ehefrau das Recht auf eine Berufsausbildung, die Aufnahme einer Berufstätigkeit oder die Aufrechterhaltung von familiären Beziehungen durch Besuche zubilligen; ein Beispiel ist die algerische Familienrechtsreform von 2005. Auch in der Rechtsprechung finden sich Ansätze, Frauen das Selbstbestimmungsrecht hinsichtlich einer Erwerbstätigkeit einzuräumen.

Verbreitet wurde darüber hinaus das Scheidungsrecht reformiert, vor allem um einerseits das weitreichende Verstoßungsrecht der Ehemänner (Talaq) zu beschränken und andererseits die traditionell geringen Scheidungsmöglichkeiten der Ehefrau zu erweitern.

In vielen Staaten ist die wirksame Ausübung des Talaq nun an Formalien gebunden, etwa Registrierungspflichten oder die Einschaltung von Gerichten, wie etwa nach iranischem oder indonesischem Recht. Ohne Einhaltung der Formalien entfaltet der Talaq nach ägyptischem Recht keine vermögens- und erbrechtlichen Folgen gegenüber der nicht informierten Ehefrau. In einzelnen Staaten wie Tunesien und Algerien ist weitergehend nur noch die gerichtliche Ehescheidung zulässig. In Ägypten, dem Jemen, Kuwait und den Vereinigten Arabischen Emiraten (VAE) etwa wird die willkürliche Scheidung gegen den Willen der Ehefrau jedenfalls dadurch erschwert, dass der Ehemann zu Ausstattungs- bzw. Schadensersatzleistungen verpflichtet werden kann, die unter Umständen deutlich weiter reichen als die generell bestehenden geringen nachehelichen Unterhaltsansprüche.

Nicht zuletzt mag ein gewisser sozialer Druck die leichtfertige Ausübung des Talaq verhindern, wenn die Ehegatten beispielsweise, wie häufig der Fall, eng miteinander verwandt sind und die Verstoßung somit die wichtigen verwandtschaftlichen Beziehungen belasten würde. Letztlich verbleiben die Ehefrauen unter dem Talaq-Regime jedoch in einem Zustand permanenter Rechtsunsicherheit, der auch ein erhebliches Erpressungspotential beinhaltet. Herausforderungen ergeben sich schließlich zudem durch die moderne Technologie: So wurde in mehreren Staaten die Frage relevant, ob die einseitige Scheidung wirksam auch per SMS erklärt werden kann. In den VAE scheint man dies zuzulassen, während es in Malaysia untersagt wurde, wobei der Mufti von Kuala Lumpur es allerdings zunächst für rechtens erklärt hatte.

Zugunsten von Ehefrauen wurden in vielen Staaten erweiterte gesetzliche Scheidungsrechte eingeführt. Im Iran etwa kann die Ehefrau seit der Reform von 2002 die Scheidung in Fällen der «Bedrängnis» gerichtlich durchsetzen. Dies gilt beispielsweise dann, wenn der Ehemann gewalttätig ist, sich mit unpassenden Leuten umgibt, erneut heiratet, alkohol- oder drogen-

süchtig ist, für längere Zeit inhaftiert wird oder Unterhalt schul-
dig bleibt. Diese neuen Rechte bauen teilweise auf Reformen
auf, die bis zum Beginn des 20. Jahrhunderts zurückreichen,
insbesondere was die Unterhaltspflichtverletzungen durch den
Ehemann und dessen längere Abwesenheit angeht.

In mehreren Reformen seit 1920, zuletzt im Jahre 2000, hat
auch der ägyptische Gesetzgeber derartige Erleichterungen der
Ehescheidung zugunsten von Ehefrauen geschaffen. Der Reformbedarf lag auf der Hand. Nach ägyptischen Presseberich-
ten warteten rund 1,5 Millionen Frauen auf eine gerichtliche
Scheidung. Laut Angaben des Justizministeriums dauerte der
Erlass von Scheidungsurteilen bis zu 15 Jahre. Die erhebliche
Zahl von Scheidungswilligen mag sich aus dem Umstand erklären, dass viele Ehen in sehr jungen Jahren eingegangen und oft
von den Eltern arrangiert werden. Nicht selten werden blutjun-
ge Frauen aus armen Familien an wohlhabende ältere Männer
verheiratet. Zudem ist die Eheschließung für Frauen meist der
einzige Weg, eine Existenz außerhalb des Elternhauses zu gründen. All dies trägt dazu bei, dass Ehen ohne tragfähige Grundlagen eingegangen werden. Dabei wird die Position der Ehefrau
mit zunehmendem Alter immer prekärer: Die Chancen auf eine
erneute Eheschließung sinken, und die finanziellen Risiken werden im Alter höher, wenn sie nicht über ein größeres Vermögen
verfügt. Damit nimmt auch ihre Erpressbarkeit zu, da der Ehemann ja stets den Talaq aussprechen kann. Kernpunkt der Reform ist Art. 20 des ägyptischen Familiengesetzes, der es der
Ehefrau ermöglicht, auch ohne vorherige Vereinbarung im Ehevertrag eine Scheidung auf dem Weg des sogenannten Chul'
durchzusetzen. Die Norm lautet wie folgt:

«Die Ehegatten können einen Chul' vereinbaren. Wenn sie
keinen vereinbart haben, so spricht das Gericht die Scheidung
der Ehe dann aus, wenn die Ehefrau eine Klage auf Chul' erhebt
und sich von ihrem Ehemann gegen Entgelt trennt, indem sie
auf alle gesetzlichen Vermögensansprüche verzichtet und die
von ihm gezahlte Brautgabe zurückerstattet.»

Allerdings verliert die Ehefrau nach wie vor den Vermögens-
wert der während der Ehezeit für die gemeinsame Lebensfüh-

rung erbrachten Leistungen, sofern nicht der Ehemann im Rahmen seiner ehelichen Unterhaltsleistungen entsprechende Vermögenswerte an sie übertragen hat. Zudem bedeutet die Rückzahlung der Brautgabe in jedem Falle einen Verlust an Sicherheit bei finanziellen Engpässen und für den Lebensabend.

Der ägyptische Verfassungsgerichtshof hat mittlerweile die Verfassungsmäßigkeit der Neuregelung bekräftigt. Er hat sich maßgeblich darauf berufen, dass keine zwingenden, nicht der Interpretation fähigen Regeln entgegenstünden und angesichts der unterschiedlichen Gelehrtenmeinungen der Gesetzgeber die Kompetenz zu eigenständiger Festlegung habe.

Andere wichtige Beispiele sind erweiterte Unterhaltsrechte für Frauen in Tunesien, Algerien, Marokko, Ägypten und Iran: Schuldlos durch Talaq verstoßene Frauen erhalten danach zeitlich weit umfangreichere nacheheliche Unterhaltsansprüche als nach traditionellem Recht, das eine Beschränkung auf drei Monate vorsieht. Im Iran werden nun im Fall der Verstoßung Ausgleichszahlungen für die in der Ehezeit erbrachten Haushaltsleistungen fällig, ähnlich dem System des deutschen Zugewinnausgleichs. In Algerien werden entsprechende Schadensersatzzahlungen angeordnet. Die Durchsetzung solcher Ansprüche wird in einigen wenigen Staaten durch die Einrichtung staatlicher Garantiefonds erleichtert, aus denen bedürftige Frauen zunächst Zahlungen erhalten, die dann von den Schuldnern eingetrieben werden. Andererseits muss (nur) die wohlhabende Ehefrau nun nach dem Recht Marokkos, Tunesiens, Libyens und der VAE ebenfalls zum finanziellen Familienunterhalt beitragen.

Ferner finden sich Reformen des Sorgerechts für Kinder, das nun zum Teil beiden Elternteilen zugewiesen wird statt eher schematisch einem von beiden je nach Lebensalter und Geschlecht; die Berücksichtigung des individuellen Kindeswohls wird oft gestärkt, etwa wenn das Personensorgerecht der Mutter auch für ältere Kinder beibehalten wird, sofern dies dem Kindeswohl dient (Ägypten), oder für die Zeit nach Scheidung und Wiederheirat (Marokko).

Im Bereich des Erbrechts wird die Gleichbehandlung von

Mann und Frau in geringerem Umfang vorangetrieben. Die um-
fangreichsten Reformen in den letzten Jahrzehnten erfolgten offenbar als Reaktion auf gewandelte soziale Verhältnisse: Auch
in weiten Teilen der islamischen Welt, insbesondere in Metro-
polen und in wohlhabenden, gebildeten Kreisen, lockern sich die
Großfamilienstrukturen zugunsten einer Orientierung an der
Kleinfamilie. Im Erbrecht schlägt sich das in Reformen nieder,
die Kinder und Enkel bei der Zuweisung der gesetzlichen Nach-
lassquoten zu Lasten der Seitenverwandten und Großeltern
begünstigen. Außerdem wurde häufig die Möglichkeit erwei-
tert, mit Hilfe eines Testaments über Teile des Nachlasses nach
individuellen Präferenzen zu verfügen.

Insgesamt gesehen sind die einschlägigen Regelungen und gesellschaftlichen Voraussetzungen in den islamisch geprägten
Staaten mittlerweile höchst disparat. Die gegenwärtige Entwicklung kann allerdings durchaus nicht einheitlich als «Modernisierung» im Sinne einer Behebung von Missständen und
einer Verbesserung der Rechtsposition Benachteiligter, insbesondere von Frauen, beschrieben werden. Dennoch zeigen sich
deutliche Tendenzen in diese Richtung. Ähnliches gilt für die
Verbesserung der Rechtssituation von Nicht-Muslimen, etwa
im Hinblick auf eine Gleichbehandlung im Steuerrecht bzw. bei
staatsbürgerlichen Rechten und Pflichten.

Inwieweit die Reformen tatsächlich greifen, hängt wesentlich
von den Gerichten und damit von Art und Inhalt der juristischen Ausbildung und dem Vorverständnis der Beteiligten ab.
Hier wird z. B. Skepsis hinsichtlich der marokkanischen Famili-
enrechtsreformen angemeldet. Allerdings werden dort neue Gerichte etabliert, neue Richter ernannt und bisherige Richter
fortgebildet, um den bestehenden Widerstand auszuschalten.
Zudem ist unverkennbar, dass ungeachtet der Formulierungen
in Reformgesetzen die Rechtsdurchsetzung im erheblichen Maß
vom Status der Betroffenen abhängen kann. So sind besonders
ärmere Frauen oder auch solche, die dem traditionellen Rollen-
verständnis nicht folgen wollen, oft deutlich benachteiligt, auch
wenn gelegentlich Schutzmaßnahmen greifen.

Darüber hinaus sind auch deutliche Rückentwicklungen zu

verzeichnen. Beispielsweise wurde im Jemen im Zuge der Vereinigung des Nordens mit dem Süden im Jahre 1990 das im Süden seit 1974 geltende Familiengesetz abgeschafft, das die Gleichberechtigung der Ehegatten bei Ehescheidung, Unterhalt und Sorgerecht über Kinder weitgehend durchgesetzt hatte. Im Iran fielen Vorschriften der Familienschutzgesetze von 1967 und 1975, die das Scheidungsrecht des Ehemannes begründungspflichtig machten und auch Mütter als Vormund zuließen, der islamischen Revolution unter Chomeini zum Opfer. Dasselbe gilt für die Möglichkeit, Richterinnen einzusetzen. Frauen können im Iran – bei gleichartiger Arbeit – nur als Beisitzerinnen ohne eigene Zeichnungsbefugnis agieren. Auch in Ägypten wurden frauenfreundliche Reformen der 1970er Jahre in den 1980er Jahren weitgehend rückgängig gemacht und erst in der jüngeren Vergangenheit wieder vorsichtig vorangebracht.

All dies zeigt, wie sehr die Rechtsentwicklung von den jeweiligen sozialen Gegebenheiten und Vorverständnissen der Gesetzgeber und Rechtsanwender geprägt ist. Nicht zuletzt geht es auch um die Ausübung gesellschaftlicher Macht. Diese ist allerdings zunehmend in einen globalisierten Kontext eingebunden: Wo beispielsweise im Sinne einheimischer Frauen sehr hohe Brautgaben gefordert werden, weichen ärmere Männer in erheblichem Umfang auf die Eheschließung mit armen Migrantinnen aus asiatischen Staaten aus. Dies hat schon zu einer Abwehrgesetzgebung in Staaten wie Oman und den VAE sowie zur Bildung nationaler «Heiratsfonds» zur Unterstützung bedürftiger Paare geführt. Solche Entwicklungen zeigen jedoch auch, dass sich die patriarchalische Grundstruktur des Rechts mit seiner zusehends nur noch theoretischen Rollenverteilung immer weniger aufrechterhalten lässt.

Vertrags- und Wirtschaftsrecht

Das Vertragsrecht wurde seit dem 19. Jahrhundert in den meisten islamisch geprägten Staaten erstmals kodifiziert und inhaltlich reformiert. Diese Entwicklung erfolgte ohne größere Widerstände, weil sie weitgehend Bereiche betraf, die nicht oder

nur vage von anerkannten Rechtsquellen geregelt wurden. Hier
hat man sich wesentlich von französischer Gesetzgebungstech-
nik inspirieren lassen und auch in großem Umfang westliche
Kodizes übernommen, so etwa das französische Handelsgesetzbuch im Osmanischen Reich im Jahre 1850.

Das jüngste Schlüsselwerk mit Ausstrahlungswirkung auf
die Gesetzgebung und Rechtsprechung in weiten Teilen der
arabisch-islamischen Welt ist das ägyptische Zivilgesetzbuch
von 1948. Entwickelt wurde es in einer Synthese europäischer
und islamischer Normativität von dem herausragenden Gelehrten Abdarrazzaq Sanhuri. Breitflächig anerkannt – selbst im
sehr traditionalistischen Saudi-Arabien – sind moderne Rechts-
institute wie die juristische Person oder geistiges Eigentum als
eigenständiges Schutzgut, die dem traditionellen Recht un-
bekannt waren. In jüngerer Zeit erfolgte eine umfangreiche
Gesetzgebungstätigkeit in wirtschaftsrelevanten Bereichen wie
dem Investitionsschutz und dem internationalen Handelsver-
kehr. Soweit hier Debatten entbrannt sind, geht es in der Regel
nicht um islamrechtliche Argumente, sondern um allgemeinere
Kritik an weltwirtschaftlichen Ungleichgewichten oder mehr
oder weniger explizit sozialistisch-staatsorientierten Vorstellungen.

Umstritten bleiben verbreitet eingeführte Vorschriften über
gesetzliche oder vertragliche Zinsen, wie etwa in Ägypten
(Art. 226 ZGB: gesetzlicher Zinssatz bei verspäteter Geldleis-
tung 4 Prozent, bei Handelsgeschäften 5 Prozent), und Versicherungsverträge (Art. 747 ff. ZGB). Angriffe dagegen waren
bislang jedoch ebenso erfolglos wie der Versuch, eine stärker an
traditionellen Vorstellungen ausgerichtete Kodifikation einzu-
führen. Reformer verweisen darauf, dass das nach klassischem
Verständnis weitreichende Verbot jeglicher Zinsen nicht zwischen abzulehnendem Wucher einerseits und der wirtschaftlich
sinnvollen Vergütung des Zeitwerts von geliehenem Kapital andererseits unterscheide.

Auch traditionell Denkende akzeptieren zudem Zinsen insoweit, als sie in Wirklichkeit Schadensersatz für die mangelnde
Erfüllung rechtlicher Verpflichtungen darstellen, etwa bei ver-

späteter Warenlieferung («Verzugszinsen»). In den VAE beispielsweise wird zwischen Handelsgeschäften und privaten
Darlehensverträgen unterschieden: Während bei letzteren Kre-
ditzinsen untersagt sind, wird für erstere im Handelsgesetzbuch
von 1993 ein gesetzlicher Zinssatz von 12 Prozent festgelegt,
der im Hinblick auf Verzugszinsen sogar noch überschritten
werden darf. Ebenso können die Geldentwertung durch Inflati-
on und Verwaltungskosten als zulässige Schadensposten anerkannt werden.

Im Wesentlichen von europäischen Rechtsquellen inspiriert,
wurde auch das außervertragliche Schuldrecht geregelt, für welches das traditionelle Recht nur rudimentäre Bestimmungen
enthielt, die sich inhaltlich kaum von europäischen Rechtsvorstellungen unterscheiden. Mit alledem verbunden ist die erstma-
lige Entwicklung eines kohärenten Zivilrechtssystems einschließlich allgemeiner Regelungen über Vertragsschlüsse, Ver-
tragswirksamkeit etc. Zuvor war das Vertragsrecht meist nur in
Teilen geregelt, insbesondere im Hinblick auf einige wichtige
Vertragstypen wie Kauf oder Miete.

Dennoch geriet das traditionelle Vertrags- und Wirtschaftsrecht nicht in Vergessenheit. Seit den 1970er Jahren ist eine international akzeptierte, teils sogar begrüßte Renaissance traditioneller Regelungsprinzipien zu beobachten, die auf moderne
Wirtschaftsformen übertragen werden. Das betrifft beispielsweise das Verbot von Spekulationsgeschäften und das streng
verstandene Zinsverbot. Mit «Islamic Banking» etc. ist ein luk-
rativer Wirtschaftsbereich entstanden, der weltweit von einer
recht kleinen Gruppe angesehener Spezialisten («Sharia jetset»)
geprägt wird.

Die Bewältigung des strengen Zinsverbots wird mit zwei unterschiedlichen Strategien verfolgt. Zum einen besteht die
Möglichkeit, auf alternative, traditionell gebilligte Konstrukti-
onen von Gesellschaftsbeteiligungen wie die Mudaraba zu-
rückzugreifen. Damit wird der Leitgedanke islamischen Wirtschaftens – die Verknüpfung von Gewinnchance und Verlustrisiko – realisiert. Mit der Einlage kann man Gewinn erzielen,
sie kann aber auch verlorengehen. Moderne islamische Invest-

mentangebote oder Projektfinanzierungen stützen sich auf solche Kooperationsformen. Beispielsweise können Zinsen aus Anlagegeschäften durch Formen der Gewinnbeteiligung ersetzt werden. Nicht zulässig sind hierbei Einlagen- oder Ertragsgarantien. Als problematisch gelten überdies risikounabhängige Mindestgewinnanteile oder Gewinnverteilungen, die vom Anteil der Beteiligung abweichen (z. B. Mindestanteile für Banken bis zu einer gewissen Summe). Hingegen werden prozentuale Abzüge vom Ertrag für betriebliche Aufwendungen für zulässig gehalten.

Moderner Warenabsatz lässt sich durch ein etabliertes Instrument wie den Weiterverkauf mit offengelegter Gewinnspanne (Murabaha) organisieren. Auch Exportfinanzierung wird auf diese Weise realisiert; das Exportgut wird nämlich an eine Bank «zwischenverkauft», die es an den (muslimischen) Importeur mit einem Aufschlag weiterverkauft. Der Kreditcharakter zeigt sich daran, dass der Kaufpreis aus dem ersten Vertrag sofort fällig ist, derjenige aus dem zweiten Vertrag mit «Aufschlag» hingegen bis zum Erhalt der Ware oder später gestundet wird. Die nachteiligen Implikationen aus dem Verbot, Gegenstände vor der Besitzergreifung zu veräußern, lassen sich dadurch minimieren, dass zwischen den beiden «Kaufverträgen» nur eine juristische Sekunde geschaltet wird. Damit kann der Importeur kaum mehr die Ware zurückweisen. Zudem mag man ihm ein entsprechendes Reugeld auferlegen. Insgesamt nähert sich diese Konstruktion dem Akkreditiv an. Zum anderen haben sich neue Formen von Rechtskniffen (Hiyal) entwickelt. So mag man bei Bankgeschäften verbotene Zinsen schlicht als grundsätzlich erlaubte «Gebühren» deklarieren.

Manche Staaten wie etwa Kuwait oder die VAE trennen auch zwischen einem streng-traditionell gehandhabten internen Wirtschaftsbereich und großzügigeren Regelungen im internationalen Geschäftsverkehr. Letzteres lässt sich schlicht mit dem Rechtsargument der Notwendigkeit (Darura) begründen, mit dessen Hilfe das geringere Übel gegenüber dem größeren (hier: der Isolierung von der Weltwirtschaft) rechtlich akzeptabel wird.

Neben dem Zinsverbot schafft das Spekulationsverbot nach weiter klassischer Auslegung Probleme im Falle von Vertragsarten, bei denen eine Leistung noch nicht feststeht. Betroffen sind eine Fülle von Bankgeschäften (Geschäfte über Futures u. a.) sowie komplexe Verträge mit noch nicht im Einzelnen feststehenden Vertragsleistungen, wie sie im internationalen Wirtschaftsverkehr gleichfalls üblich sind (Konzessionsverträge, Verträge über Großbauprojekte u. ä.). Auch der mehrgliedrige Absatz von Waren und Dienstleistungen kann eingeschränkt werden, weil die Veräußerung eines Gegenstandes vor der Besitzerlangung in der Regel als unzulässig angesehen wird. Zudem werden bei strenger Auslegung Versicherungsverträge in Zweifel gezogen. Ebenfalls als unzulässig wird das echte Factoring (Forderungskauf) eingestuft.

Auch hier gibt es moderne Neuinterpretationen im Wege des Idschtihad. Danach wird das Spekulationsverbot auf Vertragsverhältnisse beschränkt, bei denen die Unsicherheit in Bezug auf die eine Leistung ein wirklich dem Glückspiel vergleichbares aleatorisches Element aufweist. Hiervon ausgenommen sind Geschäfte der Geldanlage oder der Risikoabsicherung, die den Zeitwert von Kapital bzw. den wirtschaftlichen Hintergrund der Risikostreuung berücksichtigen. Beispielsweise ist nach neuem kuwaitischem Recht der Handel mit Futures zulässig. In den VAE gibt es in dieser Frage eine bemerkenswerte Divergenz der Rechtsprechung des traditionell geprägten, ölreichen Abu Dhabi (ablehnend) und des auf internationalen Handel angewiesenen, offeneren Dubai (zustimmend). Versicherungsverträge schließlich werden häufig als Instrument gegenseitigen Einstehens (sog. Takaful) bezeichnet, um schon begrifflich zum Ausdruck zu bringen, dass es hier nicht um Spekulation mit Risiko geht, sondern um eine präventive Risikoverteilung auf eine selbstgewählte Solidargemeinschaft.

Derartige Absicherung ist allerdings nun auch vermehrt in orientalischen Gesellschaften nötig, in denen sich lange Zeit informelle Auffangmechanismen innerhalb von Großfamilien oder Dorfgemeinschaften gehalten haben. Der ägyptische Wissenschaftler Nasr Hamid Abu Zaid etwa beschreibt in seiner

Autobiographie, wie die Dorfgemeinschaft früher einem Bauern zu helfen pflegte, wenn eines seiner Tiere verletzt wurde; in diesem Fall kauften alle Bewohner dem Betroffenen Fleisch vom notgeschlachteten Tier ab. Wo solche Mechanismen griffen, konnte in der Tat auf eine vertragliche Risikoabsicherung verzichtet werden.

Religiöse Normen schlagen sich schließlich in spezifischen islamischen Investmentangeboten nieder, die international zusehends Marktanteile gewinnen. Derartige Investments meiden verpönte Gegenstände wie Alkohol, Schweinefleisch oder Glücksspiel. Der Handel mit Tabak oder Waffen sowie Investitionen in Prostitution oder andere «unzüchtige» Handlungen und Waren, etwa pornographische Filme etc., werden gleichfalls abgelehnt. Die Anlagegrundsätze islamischer Investmentfonds schließen solche Beteiligungen oft ausdrücklich aus. Hierbei sind zum Teil subtile Fragen zu lösen, etwa, ob in Immobilien investiert werden darf, die an Unternehmen weitervermietet werden, die alkoholische Produkte vertreiben. Nach den Regeln des Board des Dow Jones Islamic Index sind beispielsweise Beteiligungen an Unternehmen verboten, die in Höhe von mehr als 33 Prozent ihres Eigenkapitals verschuldet sind, die mehr als 5 Prozent ihres Gewinns aus nicht-operativen Zinsgewinnen beziehen oder Außenstände in Höhe von mehr als 45 Prozent ihres Eigenkapitals haben.

Abgesehen von religiösen Aspekten erschweren in der islamisch geprägten Welt vor allem folgende Problemfelder das Wirtschaften: Exzessive Staatswirtschaft, mangelnde politische Stabilität mit unsicheren rechtlichen Rahmenbedingungen, fehlende demokratische Strukturen sowie weit verbreitete Korruption und Nepotismus. Inwieweit die Aufstandsbewegungen der «Arabellion» hier zu positiven Änderungen beitragen können, muss sich erweisen. In diesen Bereichen dürfte jedenfalls der Schlüssel für künftige Stabilität oder Instabilität zu finden sein.

Strafrecht

Die meisten islamischen Staaten haben seit der Kolonialzeit Strafgesetze westlicher Prägung eingeführt. Häufig beinhalten sie Vorschriften, wie sie für repressive Regime charakteristisch sind. Die drakonischen Strafen wie das Abhacken der Hand für bestimmte Formen des Diebstahls etc. wurden in den meisten Staaten zugleich ohne Weiteres abgeschafft. Sie gelten (teilweise) heute noch oder wieder im Sudan, in Libyen, Somalia, Nigeria, Saudi-Arabien, den VAE, dem Jemen, Iran und Pakistan; die Lage in Afghanistan ist unklar. Ihre Fortführung oder Wiedereinführung ist vor allem als Politikum zu werten: Im Gegensatz zur Vergangenheit, in der die Anwendung dieser harten Strafen meist vermieden wurde, versuchen nun manche Politiker, sich durch rigorose Maßnahmen als besonders «islamgetreu» zu profilieren. Das geschieht zum Teil auf Druck der einheimischen Traditionalisten oder Islamisten, die das traditionelle Strafrecht als integralen Bestandteil des Glaubens ansehen und propagieren, zum Teil auch mit Unterstützung aus dem entsprechend gesonnenen islamischen Ausland wie Saudi-Arabien.

Besonders augenfällig wird der politische Aspekt in Staaten mit großen nicht-muslimischen Bevölkerungsanteilen wie Sudan und Nigeria, in denen eine solche Machtdemonstration – unter Bruch geltenden Rechts – zwangsläufig zu Konflikten führen muss. Unter dem islamistischen Regime im Sudan etwa kommen brutalste Strafen zur Anwendung: In Wad Medani wurden 1994 zwei Männer hingerichtet und gekreuzigt, die mehr als 20 Jahre zuvor vom Islam zum Katholizismus übergetreten waren und sich trotz Reueaufforderung und Auspeitschens nicht wieder zum Islam bekehrt hatten. Gegenwärtig tut sich vor allem die iranische Justiz unrühmlich hervor, etwa durch Todesurteile gegen Homosexuelle, Apostaten oder Alkoholkonsumenten.

Es lässt sich nachweisen, dass in vielen Fällen publikumswirksam Hadd-Strafen entgegen der verbreiteten traditionellen Lehre und Praxis verhängt wurden. Der Richter Taha al-Kabbaschi, der maßgeblich für die im Sudan 1983 unter Numairi er-

folgte Einführung der Hadd-Strafgesetzgebung verantwortlich
war, ordnete Fälle als Hadd-Delikte ein, in denen Staatsange-
stellte Gehaltszahlungen an fiktive Empfänger vornahmen, die
letztlich an sie selbst flossen, das heißt typische Betrugs- und
Unterschlagungshandlungen. Merkwürdigerweise bezeichnete
er sie dabei mit Begriffen, die nach klassischer Lehre gerade keine Hadd-Delikte darstellen. Der Wille, eine Begründung für das
vorweggenommene Ergebnis zu suchen, ist hier unverkennbar.
Der führende sudanesische Islamist und spätere Parlamentsprä-
sident Hasan al-Turabi kommentierte dies 1998 in einem Inter-
view folgendermaßen: «Diese Strafen sind nicht mehr zeitge-
mäß. Vor 15 Jahren hatte sie der damalige Diktator al-Numairi
aus der Mottenkiste der Geschichte geholt, um sich mit frag-
würdigen Mitteln als islamischer Herrscher auszugeben.»

Breitere Unterstützung konnte die Wiedereinführung der drakonischen Strafbestimmungen dort finden, wo eine verzweifelte
Bevölkerung unter massiver Kriminalität und versagenden oder
gänzlich mangelnden staatlichen Institutionen litt, wie etwa in
Somalia, wo sich eine Zeit lang die sogenannten «Scharia-Ge-
richte» als einzige Ordnungsinstanz etablierten. Andererseits
wurden etwa in Libyen noch unter der Herrschaft Gaddafis
oder in Pakistan unter dem Militärdiktator Ziaul Haqq auf politischen Druck hin die Hadd-Delikte formell wieder eingeführt,
praktisch aber nicht oder nur selten vollstreckt. Freilich ver-
bleibt dabei ein hohes Maß an Unsicherheit. Gegenwärtig wird
in Pakistan eine breiter angelegte Debatte geführt, die auf die
Abschaffung derartiger Gesetze drängt, nicht zuletzt wegen ihrer katastrophalen Auswirkungen auf vergewaltigte Frauen, die
bei Anzeige des Verbrechens damit rechnen müssen, auch noch
wegen fälschlicher Beschuldigung bestraft zu werden, wenn sie
keine vier Augenzeugen (!) beibringen können.

Die Hadd-Delikte hat man dort, wo sie abgeschafft wurden,
ohne größere rechtspolitische Debatte einfach nicht in die neu-
geschaffenen (Straf-)Gesetze übernommen. Einzelne Autoren
sprechen sich aber auch explizit gegen ihre Fortgeltung aus. Sie
knüpfen beispielsweise an die traditionelle Lehre an, wonach
die Bestrafung von der Mitwirkung des Opfers und vor allem

des Täters abhängt (Möglichkeit strafbefreiender tätiger Reue, Beweis oft nur durch Geständnis, manipulierbare strafbefreiende Zweifel), und folgern daraus die schlichte Unbrauchbarkeit im Diesseits. Zudem zeige die Möglichkeit der strafbefreienden Reue die Gottes- und Jenseitsbezogenheit, den Zweck der inneren Reinigung und Aussöhnung.

Andere Autoren versuchen, am grundsätzlichen Geltungsanspruch auch des traditionellen islamischen Strafrechts festzuhalten, erklären dessen Anwendung aber in den bestehenden, als «un-islamisch» angesehenen Gesellschaften für ungeeignet. Hierin mag einerseits die Strategie liegen, die Anwendung ungeliebter Normen auf den Sankt-Nimmerleins-Tag zu verschieben. Andererseits bleibt das Problem, dass diese Bestimmungen trotz ihres teilweise grob menschenrechtswidrigen Gehalts als Bestandteil einer Idealordnung begriffen werden, an deren Herstellung zu arbeiten sei. Diese Ansicht vertritt etwa der prominente ägyptische Jurist Muhammad El-Awa, der bezeichnenderweise in Saudi-Arabien ein leuchtendes Vorbild sieht. Der häufige Hinweis darauf, dass dem hungernden Dieb die Hand nicht abgeschnitten werden dürfe, lässt die Frage unbeantwortet, wie mit dem wohlhabenden Dieb zu verfahren sei. Allerdings fassen manche den «Aufschub» so weit, dass die Anwendung der Hadd-Strafen bis zu dem Zeitpunkt zu vertagen sei, zu dem der Bevölkerung hinreichende Lebensgrundlagen zur Verfügung stünden und die gerechte Gesellschaftsordnung insgesamt eingerichtet sei.

Einen weiteren Ansatz zur Reform bietet schließlich die Besinnung auf die Ziele der Strafvorschriften. Dabei wird dargelegt, dass auch das islamische Strafrecht nur letztes Mittel zur Erhaltung eines unerlässlichen Mindeststandards im Umgang sei. Deshalb gebe es «nur» jenseitige Strafen für Wucher, Glücksspiel und Ähnliches. Das islamische Recht setze mehr auf Überzeugung und Ermahnung als auf Zwang.

Ein erheblicher Teil derjenigen modernen Autoren, die sich überhaupt mit dem eher ungeliebten islamischen Strafrecht befassen, folgt freilich den traditionellen Lehren. Sie schildern demnach die einzelnen Tatbestandsmerkmale und Prozessvoraussetzungen nach der Lehre der eigenen Rechtsschule oder nach den Anschauungen mehrerer Schulen. Dabei ist nicht selten eine aggressive Abwehrhaltung gegenüber Kritik aus dem Westen spürbar, dessen angebliche Dekadenz und hohe Kriminalitätsraten hervorgehoben werden. Die Hadd-Strafen seien im Gegensatz zu den geringen westlichen Strafen, die eher Mitleid mit dem Täter als mit dem Opfer verrieten, zu allen Zeiten und an allen Orten wirksame Strafmittel.

Allgemeiner wird Reformern in der zeitgenössischen traditionalistischen und islamistischen Literatur vorgeworfen, sich an westlichem, «menschengemachtem» Recht zu orientieren und damit den göttlichen, perfekten und unveränderlichen Charakter des islamischen Rechts zu verkennen. Eine inhaltliche intellektuelle Auseinandersetzung mit Argumenten wird damit schlicht beiseite gedrückt.

In einigen Staaten wie dem Iran, Saudi-Arabien oder den VAE schließlich besteht das System des Vergeltungsrechts (Qisas) fort. Spektakulär war der erschütternde Fall der Iranerin Ameneh Bahrami, die im Jahre 2004 von einem abgewiesenen Freier mit Säure überschüttet wurde und in der Folge ihr Augenlicht verlor. Die iranische Justiz sprach ihr das Recht zu, im Sinne des Vergeltungsrechts nun den Täter zu blenden. Die Perversion des Vorgangs wird noch gesteigert durch den Umstand, dass nach iranischem Vergeltungsrecht die körperliche Integrität von Frauen (und von Nicht-Muslimen) nur halb so viel zählt wie die von Männern. Für den Verlust des einen Auges hätte sie den Täter also theoretisch nur «halb» blenden dürfen. Frau Bahrami verzichtete schließlich nach Jahren auf die Ausübung ihres Rechts, an dem sie zur Abschreckung vor Folgetaten zunächst festhalten wollte. Daneben versuchten iranische Behörden, sie zu einer Kompensationslösung zu bewegen. Dennoch zeigt dieser Fall exemplarisch den Archaismus dieses Rechtsinstituts, das auch den meisten Muslimen äußerst fremd ist.

Staats- und Völkerrecht

Die Staaten der islamischen Welt sind heute in vielfältiger Weise in internationale Verträge und Institutionen eingebunden. Nur noch – durchaus gefährliche – Extremisten fordern die Wiedererrichtung eines islamischen Kalifats oder die gewaltsame Erweiterung des islamisch geprägten Herrschaftsterritoriums. Die traditionelle Deutung des Dschihad wurde weitestgehend durch Neuinterpretationen abgelöst: So wird der Dschihad heutzutage beispielsweise von der Kairoer al-Azhar-Universität als bloßes Recht zur Verteidigung gegen militärische Angriffe interpretiert oder aber auf eine religiös-moralische Ebene transferiert – der Dschihad als Kampf gegen das eigene Schlechte. «Bildungs-Dschihad» oder «Gender-Dschihad» treten als plakative Stichworte von Musliminnen und Muslimen hinzu, die den traditionellen Gelehrten nicht die alleinige Deutungshoheit über islamische Normen überlassen wollen.

Parallel hierzu wurde die alte Vorstellung von international gegensätzlichen Lagern und einer bloßen Waffenstillstandszone dazwischen fast völlig aufgegeben. Viele sehen sich heute in «einem einzigen Haus» der Erde wohnen, das durch friedliche Beziehungen untereinander gestaltet wird oder doch werden sollte. Die Grazer Erklärung der Konferenz «Leiter islamischer Zentren und Imame in Europa» vom 15.6.2003 stellt hierzu fest: «Die mittelalterliche Einteilung in eine Welt der Gegensätze von Dar al Islam = Haus des Islam und Dar al harb = Haus des Krieges ist abzulehnen. Sie hat weder eine Grundlage im Koran, noch in der Sunna und ist als historisches, längst überholtes Phänomen von keinerlei heutiger Relevanz.»

Dementsprechend findet sich in der Gegenwart außerhalb von Extremistenkreisen fast keine spezifisch islamische Literatur mehr zu Fragen internationaler Rechtsbeziehungen. Im Übrigen haben islamrechtliche Völkerrechtsnormen in der Gegenwart weitgehend ihre Bedeutung verloren: Die intensive internationale Einbindung hat spezifisch islamische Ansätze weitgehend verdrängt. Meist nur in Konfliktfällen wie in Palästina werden unter radikalen Kräften noch Debatten darüber geführt, ob eine dauerhafte Anerkennung des völkerrechtlich erreichten Zustandes oder nur zeitweilige Friedensschlüsse zulässig seien. Überdies vertraten Ideologen des politischen Islam wie Maududi oder extrem-traditionalistisch gesonnene Gelehrte etwa aus Saudi-Arabien noch derartige Vorstellungen. Durchgesetzt haben sie sich nicht.

Im Staats- und Verwaltungsrecht hat sich seit den Zeiten des Kolonialismus und nach der Unabhängigkeit in den meisten Staaten eine dem Strafrecht ähnliche Entwicklung vollzogen. Da in diesen Bereichen fast keine auch nur annähernd eindeutigen Regelungen vorhanden waren und die Geschichte der islamischen Welt sich oft fernab von allen religiös-rechtlichen Vorstellungen abspielte, übernahm man in großem Umfang rechtliche Modelle aus Europa. Dies gilt für Verwaltungsorganisation und Verwaltungsrecht ebenso wie für den Staatsaufbau. Heute findet sich ein erhebliches Spektrum von (oft nur nominellen) Demokratien über Militärdiktaturen bis hin zu mehr oder weniger absoluten oder konstitutionellen Monarchien. Sie spiegeln auch sehr unterschiedliche Strukturen gesellschaftlichen Zusammenlebens. Traditionsreichen Zentralstaaten wie Ägypten stehen Konglomerate unterschiedlichster Völker und Stämme wie im Sudan, im Jemen oder in Afghanistan gegenüber, wo die Macht der Zentralregierung nicht selten an den Grenzen der Hauptstadt endet. Lokale und regionale Konsensmodelle ersetzen dort oft übergreifende Strukturen, wobei insgesamt mehr und mehr breit angelegte Zentralisierungs- und Uniformierungstendenzen erkennbar sind.

Demokratisch-rechtsstaatliche Strukturen sind zumindest in Ansätzen beispielsweise in Indonesien, Bangladesch, Kuwait, Jordanien, Tunesien oder Marokko zu erkennen. Insgesamt aber sind Demokratie und Rechtsstaatlichkeit weitgehend Mangelware. Die Ursachen hierfür liegen vor allem in der geringen Erfahrung mit entsprechenden Modellen und dem verbreiteten Misstrauen gegenüber staatlichen Institutionen, welche die Bürger häufig eher drangsalieren als repräsentieren, in grassierender Korruption und verbreitetem Nepotismus, mangelnder ökonomischer und sozialer Stabilität und nicht zuletzt in einer politischen Kultur, die eher Konsens befürwortet als offen-sachlichen Meinungsstreit – gerade hier allerdings zeichnen sich zusehends Tendenzen zur Herausbildung einer demokratischen Zivilgesellschaft mit politischem Pluralismus ab. Der Islam kann hier sowohl als Legitimationsgrundlage für diktatorische Regime wie in Saudi-Arabien oder im Iran dienen als auch als religiös legitimierte Grundlage für den Schutz gegen staatliche Willkür und Repression. Gerade in diesem Zusammenhang kommt es angesichts der unklaren Quellenlage ganz maßgeblich auf Vorverständnisse und Prägungen der jeweiligen Interpreten an. So wurde in Jordanien die Volkssouveränität «islamisch» begründet, und die Partei der ägyptischen Muslimbrüder (Partei für Freiheit und Gerechtigkeit) formuliert in ihrem Programm, das wichtigste Ziel der Scharia sei die Wahrung der nationalen Einheit, die Scharia wiederum fordere die Demokratie als Herrschaftsmodell und wende sich gegen Militär- und Gottesherrschaft. Die reale politische Entwicklung bleibt allerdings noch abzuwarten. Dabei dürfte es dort, wo diktatorische Machthaber gestürzt werden oder freiwillig Macht abgeben, leichter werden, demokratische Strukturen zu schaffen, als breitflächig wirksamen Menschenrechtsschutz durchzusetzen. Normen des Islam können hierbei sehr unterschiedlich wirken.

Menschenrechte

Der Islam ist historisch gegen stammesmäßig bedingte Blutfehden angetreten. Muslime sind stolz darauf, dass es in ihrer Religion keine rassischen, ethnischen oder sprachlich-kulturellen Unterschiede geben darf, sondern alle Gläubigen einer einzigen Gemeinschaft (Umma) in Gleichberechtigung angehören. Wenngleich die historische Realität oft andere Wege gegangen ist, bietet der Islam insoweit eine gute Grundlage für die Akzeptanz entsprechender Menschenrechtsnormen. Anderes gilt für das Geschlechterverhältnis, die sexuelle Orientierung und die Religion. Traditionell wird den Geschlechtern gleiche Würde zugesprochen, allerdings in einer festgefügten, patriarchalisch bestimmten Rollenverteilung. Erst in der Gegenwart erheben

sich zunehmend Stimmen, die eine dynamische Quelleninter-
pretation im Sinne der Zubilligung gleicher *Rechte* fordern. Tatsächlich erfolgten Reformen zugunsten von Frauen beispielsweise im Hinblick auf das nun verbreitete aktive und passive
Wahlrecht, die Zulassung zu Staatsämtern oder die Aufhebung
patriarchalischer Restriktionen etwa im Pass- und Reiserecht.
Einschränkende Quellen werden als zeitgebunden und damit
wandelbar angesehen. Ziba Mir-Hosseini beschreibt die geistige
Grundlage solcher Reformen so:

«Anders als frühere Diskurse sieht der neue die Ungleichbehandlung der Geschlechter in Regeln des fiqh nicht als Ausdruck göttlicher Gerechtigkeit, sondern als eine Konstruktion
männlicher Juristen, die sich gerade gegen den Kern des göttlichen Willens richtet, wie er in den heiligen Texten des Islam
geoffenbart wurde. (...) Der neue (Diskurs) sieht die Sexualität
der Frau als von Familie und sozialen Gegebenheiten bestimmt
und reguliert an, nicht von der Natur und dem göttlichen Willen.»

Dennoch gibt es weiterhin deutliche Restriktionen. Sexualität
außerhalb der Ehe wird massiv abgelehnt, zumindest sozial ge-
ächtet und in manchen Teilen der islamischen Welt auch brutal
bestraft. Hier mischen sich oft kulturelle und religiöse Aspekte.
Dasselbe gilt für die weitestgehend tabuisierte gleichgeschlechtliche Orientierung, die es selbstverständlich auch unter Muslimen gibt. Manchen offenen Schilderungen in der Dichtkunst
stehen fast einhellige, religiös argumentierende Schriften gegenüber, die (wie im traditionellen Juden- und Christentum) geleb-
te Homosexualität scharf verurteilen. So besteht eine evidente
Kollision zwischen traditionellen islamrechtlichen Regelungen
und gegenwärtigen Menschenrechtsstandards: Dies gilt insbesondere im Hinblick auf die Gleichberechtigung der Geschlechter und die geschlechtliche Orientierung sowie die Religionen
und Weltanschauungen, aber auch, was den Schutz vor men-
schenunwürdiger Behandlung etwa im Strafrecht angeht, dort,
wo traditionelle Körperstrafen verhängt werden. Viele islamische Staaten sind zwar entsprechenden internationalen Schutz-
abkommen beigetreten, oft aber nur unter «Scharia-Vorbe-

halten». Darunter leidet auch die Kairoer islamische Menschenrechtserklärung der OIC (heute: Organisation of Islamic Cooperation) von 1990: Derartige Vorbehalte entwerten angesichts des breiten Spektrums dessen, was unter «Scharia» konkret verstanden wird, den Menschenrechtsschutz weitgehend. Solche Erklärungen können allenfalls im innerislamischen Diskurs dort nützen, wo Benachteiligten auch das vorenthalten wird, was strengste Scharia-Interpretationen ihnen zubilligen. Soweit keine – durchaus mögliche – Verständigung über den inhaltlichen Schutz der Menschenrechte durch die geltende Rechtsordnung erzielt wird, bleibt international der rechtskulturelle Konflikt bestehen.

Neuere Erklärungen wie diejenige der Arabischen Liga von 1994 und ihre Fortschreibung von 2004 bringen gewisse Fortschritte und Annäherungen an weltweite Standards; so werden etwa ausdrücklich Kinderrechte erwähnt und geschützt. Trotz interner Widerstände wurden jedoch zumindest in der Präambel Bezüge zu Scharia-Vorbehalten hergestellt. Ebenso führen staatliche Gesetzesvorbehalte in Verbindung mit der in arabischen Verfassungen verbreiteten Bezugnahme auf die Scharia zu Einschränkungen, welche die Bedeutung dieser Erklärungen für einen wirksamen Menschenrechtsschutz erheblich mindern.

Mögliche neue Entwicklungen zeichnen sich gegenwärtig vor allem in Nordafrika ab. Post-islamistische Parteien wie diejenige der ägyptischen Muslimbrüder (Partei für Freiheit und Gerechtigkeit) halten zwar an der Scharia als Hauptquelle der Gesetzgebung fest, füllen diese aber zumindest teilweise mit neuen, demokratie- und rechtsstaatsorientierten konkreten Inhalten. So steht im Parteiprogramm, die Scharia fordere Demokratie und stehe der Theokratie und der Militärherrschaft entgegen. Darüber hinaus wird der Schutz vor staatlicher Willkür durch bürgerliche Freiheitsrechte aus der Scharia abgeleitet. In familienrechtlichen Fragen zeichnet sich hingegen ein eher traditionelles Bild ab. Diese Argumentationsweise steht im direkten Gegensatz zur Struktur der bisherigen islamischen Menschenrechtserklärungen. Dort wurden konkret benannte Menschenrechte durch einen unbestimmten Scharia-Vorbehalt entwertet. Hier nun wird der Scharia-Begriff mit konkreten, zumindest in wichtigen Teilen menschenrechtskonformen Inhalten gefüllt.

Von besonderer Ambivalenz ist die Position des Islam zur Religionsfreiheit. In weiten Teilen Asiens und Afrikas leben nicht-muslimische Minderheiten, darunter zahlreiche Christen, in Staaten mit muslimischer Mehrheit. Vielfach wird dort mehr oder weniger an dem Rechtszustand festgehalten, der sich seit der Frühzeit des Islam entwickelt hat. Einerseits hat der Islam über weite Strecken seiner Geschichte eine bemerkenswerte Toleranz gegenüber nicht-muslimischen Minderheiten gezeigt, insbesondere im Verhältnis zu Christen und Juden, auch wenn manche Idealisierung einer Prüfung nicht standhält. Immerhin waren Zwangskonversionen, Vertreibung oder gar Tötung anders als im christlich geprägten Europa Ausnahmeerscheinungen. Insofern hatte die Herangehensweise des Islam aus historisch-vergleichender Sicht durchaus Vorbildcharakter. Nicht von ungefähr fanden beispielsweise in christlichen Staaten verfolgte Juden Zuflucht in Nordafrika oder im Osmanischen Reich und konnten sich auch andere Religionen wie der Zoroastrismus oder der Hinduismus teilweise behaupten, wenngleich viele Kultstätten zerstört wurden. Andererseits jedoch wurde stets die Oberherrschaft des Islam gewahrt: Minderheiten genossen und genießen ein erhebliches Maß an religiöser Autonomie, sind aber von Gleichberechtigung meist noch weit entfernt. Häufig bleiben wichtige Staatsämter Muslimen vorbehalten, und die oft traditionell interpretierten Rechtsvorschriften des Islam regeln alle interreligiösen Verhältnisse. Im öffentlichen Raum unterliegen Minderheitsreligionen verbreitet erheblichen Beschränkungen in regional unterschiedlichem Ausmaß. Kritische Debatten über Religion sind weitgehend unmöglich.

Die Akzeptanz religiöser Minderheiten im alltäglichen Zusammenleben ist allerdings oft sehr viel höher, soweit nicht extremistische Richtungen die Oberhand gewinnen. Vielfach sind ein Bemühen um Gemeinsamkeiten und ein respektvoller Umgang miteinander erkennbar; religiöse Unterschiede werden schlicht ausgeklammert. Konversionen vom Islam zum Christentum oder zu anderen Religionen werden indes verbreitet mit drakonischen Maßnahmen bis hin zur Tötung verfolgt, auch wenn sie nicht überall verboten sind. Erschrecken muss etwa ein Bericht aus Saudi-Arabien aus dem Jahr 2012, wonach ein Angehöriger der Religionspolizei seiner Tochter die Zunge herausschnitt und sie dann verbrannte, nachdem sie sich in einer Debatte mit ihm zum Christentum bekannt hatte. Auch in säkular ausgerichteten Staaten sind Glaubenswechsel und -abfall jedenfalls weitestgehend sozial und politisch nicht akzeptiert. Vielmehr wird oft der Verdacht geschürt, dass christliche Gruppierungen oder gar ausländische Staaten versuchten, die islamischen Staaten auf solche Weise neu zu kolonialisieren. Darin wirkt bis heute die europäische Vergangenheit nach, in der andere Völker – auch unter christlich-religiösen Vorzeichen – unterjocht wurden. Allerdings wird dieser Umstand häufig auch für aktuelle politische Zwecke instrumentalisiert. Vereinzelte Initiativen insbesondere evangelikaler Gruppen, die unter teils fragwürdigem Einsatz wirtschaftlicher Ressourcen Mission betreiben, werden ohne Beleg verallgemeinert.

Der größte Druck lastet auf religiösen Minderheiten, die sich innerhalb des Islam entwickelt haben, wie den Aleviten (Türkei), den Baha'i (Iran) und den Ahmadis (Pakistan, Indonesien). Dieser reicht, auch wenn einige Unterschiede bestehen, zum Teil sogar bis hin zu brutaler Verfolgung. Selbst die formal laizistische Türkei hat sich trotz gewisser Öffnungstendenzen noch nicht von einem faktischen sunnitischen Staatsislam gelöst.

Insgesamt gesehen ist die Menschenrechtssituation in weiten Teilen der islamisch geprägten Welt noch unbefriedigend. Es wäre jedoch verfehlt, dafür in erster Linie die Religion verantwortlich zu machen. Politische, wirtschaftliche und allgemeine kulturelle Rahmenbedingungen prägen die Lage entscheidend. Freilich hat sich in den letzten Jahrzehnten auch eine religionsbezogene Menschenrechtsdebatte entwickelt. In mehreren islamischen bzw. arabischen Menschrechtserklärungen wurde in Reaktion auf die als exklusiv «westlich» verstandenen Menschenrechtskonzepte versucht, eigene Vorstellungen zu entwerfen.

Derartige Ansätze enthalten in Teilen durchaus Fortschritte im Vergleich zur bestehenden Lage: Anders als im Europa der Gegenwart hat die Berufung auf religiöse Rechtsgrundlagen nicht immer eine freiheitsbeschränkende, sondern in den bestehenden Diktaturen zumindest teilweise eine freiheitssichernde Ausrichtung.

Darüber hinaus bietet auch das islamische Recht die Möglichkeit zu neuen Interpretationen des Glaubenswechsels, die zu rechtsstaatlich akzeptablen Ergebnissen gelangen. Der Koran droht bei Glaubensabfall mit schweren Strafen im Jenseits. Die im Diesseits praktizierte Tötung geht auf eine in ihrer Authentizität sehr umstrittene Aussage Muhammads zurück. Maßgebliche neuzeitliche Interpreten kommen zu dem Ergebnis, dass sich eine derartig massive Sanktion nicht auf eine so zweifelhafte Grundlage stützen könne. Zudem sei zu erfragen, was eigentlich das Anstößige am Glaubensabfall sei. Ein Blick in die islamische Frühgeschichte lehre, dass es hierbei um die Abkehr von der neuen islamischen Gemeinde in einer bewaffneten Auseinandersetzung gegangen sei; strafbar sei also nur die (weltliche) Komponente des gewaltsamen Hochverrats, der Religionswechsel allein hingegen sei es nicht, was sich auch aus einer koranischen Aussage ergebe, die Religionsfreiheit fordere (Sure 2,256). Das zeige sich auch daran, dass man bereits in der Vergangenheit vom Islam abgefallene Frauen nicht mit dem Tode bestraft habe (weil sie offenbar als «ungefährlich» angesehen wurden). Die «Verwerflichkeit» des Handelns bleibt dann, soweit es sich nicht um bewaffneten Widerstand gegen die Staatsgewalt handelt, auf das rein religiöse Verhältnis zwischen Mensch und Gott beschränkt, ohne (diesseitige) Rechtswirkungen zu entfalten.

Weitergehend entwickelt sich, vor allem unter Musliminnen und Muslimen in westlichen Staaten, eine Debatte um menschenrechtskonforme Interpretationen der Scharia-Normen, die wesentliche gemeinsame Inhalte aufdeckt. Die grundsätzliche Flexibilität der Scharia lässt insoweit interessante Ergebnisse erhoffen: Der von Extremisten aller Couleur behauptete strukturelle Gegensatz zwischen islamischer Normativität (Scharia) und westlichen Staats- und Menschenrechtsvorstellungen ist keineswegs zwingend. Es kommt maßgeblich auf das Verständnis und die Denkoffenheit der jeweiligen Interpreten an. Unabhängig von derartigen Debatten ist die Respektierung der Menschenrechte für viele Musliminnen und Muslime gerade auch in Europa eine schlichte Selbstverständlichkeit.

5. Islamisches Recht in Deutschland und Europa

Einführung

Außerhalb islamischer Herrschaftsgebiete können Normen des islamischen Rechts nur zur Anwendung gelangen, soweit das dort geltende Recht dies zulässt. Ein frühes Beispiel für die Bereitschaft zur Anwendung fremden religiös begründeten Rechts bietet die Regierungszeit Friedrichs II. von Hohenstaufen (reg. 1215–1250). In den Konstitutionen von Melfi (1231) sicherte er den Juden wie auch den «Sarazenen» ihren Sonderstatus und räumte ihnen generellen Rechtsschutz ein. Später erhielten unter habsburgischer Herrschaft im 19. Jahrhundert Muslime in Bosnien-Herzegowina und in anderen Balkanstaaten mit muslimischer Minderheit nach der Unabhängigkeit vom Osmanischen Reich ihren separaten Rechtsstatus. Dies sind jedoch allesamt Ausnahmeerscheinungen, die sich auf lange ansässige Bevölkerungsgruppen beziehen.

Die Vorstellung, «fremdes» Recht auf «eigenem» Territorium anzuwenden, ist heute für viele zunächst befremdlich. Die in Europa über Jahrhunderte hinweg erfolgte Nationalstaatenbildung mit weitgehend vereinheitlichten territorialen Rechtsordnungen scheint den Gedanken an die Anwendung fremder Vorschriften auszuschließen. Und tatsächlich ist die Antwort des geltenden staatlichen Rechts eindeutig: Fremdes Recht kann nur insoweit angewendet werden, als es dieses staatliche Recht zulässt oder gar fordert. Auf dieser Ebene existiert kein Pluralismus. Vielmehr behalten sich die territorial geltenden Rechtsordnungen aus guten Gründen die Letztentscheidung vor. Das Recht ist insoweit keineswegs multikulturell.

Dieses Modell ist international keineswegs einheitlich. Viele Regionen der Welt, vorwiegend in Afrika oder Asien, werden von Formen eines «legal pluralism» geprägt, also vom mehr oder weniger gleichberechtigten Nebeneinander unterschiedlicher Rechtssysteme, wie er in Ansätzen auch im Europa der Völkerwanderungszeit anzutreffen war. Immer scheint es um dieselbe Ordnungsproblematik zu gehen: Wie müssen Rechtssysteme strukturiert werden, um ihre vornehmste Aufgabe erfüllen zu können, die Herstellung und Sicherung eines friedlichen Zusammenlebens? Pluralistische Rechtssysteme finden die Lösung im Arrangement eines friedlichen «Nebeneinander», das verhindern kann, dass die Rechtsvorstellungen der jeweiligen Machthaber Minderheiten oder machtlosen Bevölkerungsgruppen übergestülpt werden. Manchmal sind damit allerdings auch gesellschaftliche Ausschließungsmechanismen verbunden: Die partielle Rechtsautonomie von Juden oder Slawen («Wenden») in Deutschland war weniger von der Anerkennung kultureller Besonderheiten geprägt als von der Überzeugung ihrer kulturellen Unterlegenheit.

Der Weg gegenwärtiger europäischer Rechtsordnungen ist also ein anderer: Mit der Zunahme staatlicher Stärke und der gestiegenen Akzeptanz weitreichender staatlicher Verantwortlichkeit für das Wohl und Wehe der Bürger und Einwohner geht die Bildung gemeinsamer rechtlicher Grundüberzeugungen im politischen und gesellschaftlichen Prozess einher. Aus dem rechtlichen Nebeneinander wird ein Miteinander. Das heißt gerade nicht Uniformität in allen Lebenslagen: Unterhalb der Schwelle allgemein verbindlicher Inhalte kann es, ja soll es Vielfalt geben. Dem trägt der weite Bereich individuell gestaltungsfreier Räume Rechnung, für den das Recht nur Rahmenbedingungen setzt – Einheit in Vielfalt. Das Maß an Gestaltungsfreiheit hängt dabei aufs Engste mit den sehr unterschiedlichen Funktionen der jeweiligen Rechtsregelungen zusammen.

Das Strafrecht lässt sehr wenig Raum für die Durchsetzung individueller Überzeugungen. Es garantiert ein unerlässliches

Mindestmaß an gemeinsamen Verhaltensregeln und setzt diese mit den schärfsten für eine rechtsstaatliche Ordnung möglichen Sanktionen durch. Politisch, kulturell oder religiös motivierte Täter müssen daher generell genauso behandelt werden wie Täter mit anderer Motivation; Gesinnungstäter (von den RAF-Terroristen über al-Qa'ida-Dschihadisten bis hin zu Islamhassern vom Schlage Breivik) dürfen keine Privilegien erhoffen. Beispielsweise muss die Prüfung des Tatbestandsmerkmals «niedrige Beweggründe», das den Totschlag zum weit härter bestraften Mord macht, unabhängig davon erfolgen, ob der Täter etwa seine scheidungswillige Ehefrau oder ein anderes Familienmitglied wegen eines kulturell bedingten archaischen «Ehrbegriffs» zur «Wiederherstellung der Familienehre» tötet. In einer den Menschenrechten verpflichteten Rechtsordnung darf es keine Opfer unterschiedlichen Schutzgrades geben. Alles andere würde auch die Basis des staatlichen Gewaltmonopols, einer großen historischen Errungenschaft, angreifen. Schließlich wäre es ein Schlag ins Gesicht derer, die sich weltweit, auch in den Herkunftsregionen mancher Täter, für eine wirksame Bekämpfung solcher kulturellen Phänomene einsetzen.

Andererseits ist davor zu warnen, die Tatmotive ohne individuelle Begründung in Herkunft oder Religion von Menschen zu suchen: Die Tötung der scheidungswilligen Ehefrau durch Täter, die (zufällig) Christen oder Atheisten sind, ist nicht immer nur eine affektgesteuerte Beziehungstat, dasselbe von einem Muslim begangene Verbrechen ist nicht zwangsläufig ein «Ehrenmord».

Religiöse Motivation kann nach alledem nur in Bagatellfällen relevant werden. Das wichtigste Beispiel ist die medizinisch fachgerecht ausgeführte Beschneidung von Knaben, die in Judentum und Islam als bedeutsame, für viele geradezu als essentielle religiöse Vorschrift gilt. Ein solcherart ausgeführter Eingriff bringt nach gegenwärtiger Erkenntnis keine, jedenfalls keine schwerwiegenden Nachteile mit sich. Die Weltgesundheitsorganisation WHO empfiehlt ihn sogar aus krankheitspräventiven Gründen; auch in den USA wird er in weiten Teilen der Bevölkerung routinemäßig durchgeführt. Ein entgegenstehendes Urteil des Landgerichts Köln vom Mai 2012 wollte anscheinend neue Maßstäbe setzen. Dort wurde abweichend von der Vorinstanz und entgegen der bisher einhelligen Linie in der Justiz die Rechtswidrigkeit des Eingriffs bei Kindern auch dann bejaht, wenn der Eingriff fachgerecht und mit elterlicher Einwilligung erfolgt. Eine nachvollziehbare Abwägung mit dem auch verfassungsrechtlich garantierten Gewicht religiöser Belange (religiöse Sozialisation als Entscheidung im Sinne des Kindeswohls) unterblieb. Deutliche Proteste des Zentralrats der Juden in Deutschland und muslimischer Organisationen, aber auch anderer Religionsvertreter folgten zu Recht. Das rechtspolitische Signal, wonach Menschen, die mehr als 3000 Jahre alten, weltweit akzeptierten Regeln folgen, überall außer in Deutschland ihren Platz haben, macht diese wohl singuläre Entscheidung auch zum Fanal einer säkularisierten Ersatzreligion, die der religiösen Sozialisation keinen Raum mehr geben möchte. Die Position der deutschen und europäischen Verfassungen ist dies nicht, und so sieht es auch eine breite Mehrheit im Bundestag.

Eingriffe, welche die Bagatellgrenze überschreiten, können hingegen auch mit religiöser Begründung nicht geduldet werden. Das gilt für die Verweigerung von lebensrettenden Bluttransfusionen für Schutzbefohlene durch Zeugen Jehovas ebenso wie für die schwere Menschenrechtsverletzung der Verstümmelung weiblicher Genitalien, die insbesondere in Teilen Afrikas unter Muslimen, Anhängern von Naturreligionen und Christen verbreitet ist und teilweise bis heute religiös-kulturell «gerechtfertigt» wird.

In jüngerer Zeit wurden des Weiteren Berichte über Fälle veröffentlicht, in denen sogenannte «Friedensrichter» daran mitgewirkt haben (sollen), die Folgen von Straftaten außerhalb des Systems staatlicher Strafverfolgung zu regeln. Es kursiert das Schlagwort von der «Scharia-Paralleljustiz». Nun ist das staatliche Strafrecht in der Tat dazu berufen, den unerlässlichen Mindeststandard gemeinsamer Verhaltensregeln konsequent – für die gesamte Bevölkerung – durchzusetzen. Parallelmechanismen können nur dort geduldet werden, wo das staatliche Recht selbst dafür Raum lässt. So ist ein Täter-Opfer-Ausgleich grundsätzlich durchaus erwünscht und kann im Erfolgsfall auch strafmildernd wirken. Derlei muss aber freiwillig geschehen und unterliegt letztlich staatlicher Kontrolle. Dagegen kann die Ausübung von Druck auf Opfer oder Zeugen nicht hingenommen werden.

Fraglich ist allerdings, ob die wenigen bislang bekannt gewordenen Fälle im Kern «islamisch» zu deuten sind. Gegenwärtig spricht vieles dafür, dass es sich um sehr milieuspezifische und weitgehend auf einzelne Großstädte wie Berlin, Bremen und Essen beschränkte Phänomene handelt, die einer orientalischen Lebensführung in abgeriegelten Großclans entspricht. Parallelphänomene finden sich teils auch unter Roma, Osteuropäern und anderen Gruppen. Das mindert nicht die Gefährlichkeit solcher Strukturen, erfordert aber eine sorgsame Ursachen- und Wirkungsanalyse, um passgenau gegensteuern zu können. Zudem sind tatsächlich Einzelfälle bekannt, in denen explizit «islamische» Prinzipien angewandt wurden. Hier ist in der Tat deutlich zu machen, dass auch religiös begründete Streitschlichtung nur in den Grenzen staatlichen Rechts zulässig, dann vielleicht auch hilfreich sein kann. Viele muslimische Organisationen und Einzelpersonen haben sich dieser Haltung angeschlossen.

Auch das sonstige öffentliche Recht, das primär die Beziehungen zwischen dem Staat und den im Lande befindlichen Menschen zu regeln hat, ist weitestgehend territorial geprägt, lässt also die Anwendung fremder *Rechts*vorschriften nicht zu. Ganz anders verhält es sich mit religiösen Normen. Sie genießen den Schutz der verfassungsmäßig garantierten Religionsfreiheit. Die religiös-weltanschauliche Neutralität des säkularen Staates gebietet hierbei grundsätzlich die Gleichbehandlung aller Religionen und Weltanschauungen ohne Rücksicht auf zahlenmäßige Verbreitung und historische Dominanz. Deshalb dürfen Muslime selbstverständlich individuell ihre Religion im Rahmen der für alle geltenden Gesetze pflegen und auch eine kollektiv getragene religiöse Infrastruktur entwickeln. Diese Rechte sind mehrheitsfest: Außerhalb der Schweiz wäre z. B. eine Abstimmung über Minarettverbote schon rechtlich unzulässig. Die Mehrheit darf der Minderheit nicht ihre Lebensbedingungen diktieren; Grund- und Menschenrechte sind nicht zuletzt auch Minderheitenrechte. Hier zeigt sich ein stetiger Bildungsauftrag für die Gesamtgesellschaft: Auch wenn in Deutschland die Mehrheit (58,4 Prozent) der in einer im Jahre 2010 von Decker und anderen durchgeführten repräsentativen Umfrage der Meinung ist, dass die religiösen Rechte von Muslimen im Lande spürbar eingeschränkt werden sollten, so ist dies doch nicht die Position des deutschen Verfassungsrechts. Das Ergebnis der Schweizer Minarettabstimmung stellt vermutlich einen Verstoß gegen den auch dort geltenden Art. 9 der Europäischen Menschenrechtskonvention dar. Die österreichischen Baugesetze, die in scheinbar neutralem Gewand Moscheebauten beschränken oder verhindern wollen, sind ebenso zu beurteilen.

Es sollte deutlich werden, dass derartige Einschränkungen die rechtsstaatliche Ordnung, die sie angeblich verteidigen wollen, in Wirklichkeit untergraben. Der Ärger über mangelnde Religionsfreiheit in vielen Staaten der islamischen Welt und über zum Teil massive Unterdrückung und Verfolgung Andersgläubiger wie in Saudi-Arabien, Iran oder Pakistan ist berechtigt. Es wäre jedoch der falsche Weg, die Unrechtsmaßstäbe anderer Staaten zu übernehmen und hiesige Muslime in Sippenhaft für Umstände zu nehmen, für die sie nicht verantwortlich sind.

Selbstverständlich hat auch die Religionsfreiheit Grenzen. Deutschland und andere europäische Staaten sind aus gutem Grund als wehrhafte demokratische Rechtsstaaten ausgestaltet. Feinde der Freiheit dürfen keine Freiheit für ihr Tun beanspruchen. Das gilt gleichfalls für islamisch begründeten gewalttätigen oder legalistisch agierenden politischen Extremismus («Islamismus»), der die Grundlagen des Zusammenlebens bedroht. Auch hier ist aber Vorsicht geboten: Es bedarf der präzisen und mit Fakten untermauerten Begründung für erfolgte oder drohende Rechtsverstöße. Diese darf nicht durch Pauschalverdacht ersetzt werden, der nicht nur von notorischen Islamhassern geschürt wird, sondern beispielsweise auch von faktenresistenten Säkularisten. Insoweit hat sich der gefährlich verallgemeinernde Begriff der «schleichenden Islamisierung» verbreitet, der umstandslos dschihadistische Kriminalität oder Bestrebungen, die sich gegen die verfassungsmäßige Ordnung oder den Gedanken der Völkerverständigung richten, mit der Durchsetzung verfassungsmäßig geschützter Rechte vermengt. Wer so agiert und argumentiert, wirkt an der Zerstörung der Rechtsordnung mit, die er zu verteidigen vorgibt.

Der Bereich, in dem neben religiösen Vorschriften auch fremde *Rechts*vorschriften in erheblichem Umfang zur Anwendung gelangen können, ist das Bürgerliche Recht. Es dient dazu, Rechtsverhältnisse zwischen Menschen im privaten Bereich zu regeln, von Vertragsschluss und -ausführung über Schadensersatz für die Beeinträchtigung geschützter Güter bis hin zu Familienbindungen und Erbfragen. Solche Beziehungen können die Beteiligten meist selbst am besten beurteilen und regeln. Bedeutsam ist bei längerfristig angelegten Beziehungen auch rechtliche Verlässlichkeit. Staatliche Interessen stehen hierbei eher im Hintergrund; sie werden vor allem dort wichtig, wo Beteiligte staatlichen Schutz bei der Durchsetzung ihrer Interessen benötigen. Im Folgenden werden typische Regelungsbereiche benannt, in denen ausländische und damit auch islamrechtlich geprägte Vorschriften angewendet werden können. Hier gilt ebenso: Es ist das jeweils nationale Recht, das über Anwendung und deren Grenzen zu entscheiden hat. Dies ist nicht zuletzt deshalb zu betonen, weil gelegentlich diejenigen, die schlicht den geltenden Rechtszustand referieren oder das geltende Recht anwenden, unkundig oder böswillig als Scharia-Befürworter denunziert werden.

Internationales Privatrecht (IPR)

Die zunehmende Globalisierung verstärkt auch die Internationalisierung der Rechtsverhältnisse. So wächst auch die Zahl von Sachverhalten mit Auslandsbezug (vgl. Art. 3 Einführungsgesetz zum Bürgerlichen Gesetzbuch – EGBGB). In solchen Fällen ist es nicht selbstverständlich, dass das am Gerichtsort geltende Sachrecht die angemessene Lösung bereithält. Vielmehr stellt sich die Frage, welche der mehreren in Betracht kommenden Rechtsordnungen als sachnächste anzusehen ist. Seit über hundert Jahren halten europäische Rechtsordnungen hierfür Normen (sog. Kollisionsnormen) bereit, die dies entscheiden. Der Gesetzgeber legt mit Hilfe solcher Normen des sogenannten Internationalen Privatrechts oder Kollisionsrechts fest, ob die jeweilige Sachnähe etwa durch den gewöhnlichen Aufenthalt, die Staatsangehörigkeit der Beteiligten oder durch den Handlungsort bestimmt wird, oder ob die Beteiligten das anwendbare Recht selbst wählen dürfen. Die *eigene* Rechtsordnung fordert oder ermöglicht also die Anwendung eines anderen als des eigenen Sachrechts. Damit wird auch islamisch geprägtes ausländisches Recht in gewissem Umfang im Inland anwendungsfähig. Dabei handelt es sich nicht um «das islamische Recht» in seiner Vielfalt, sondern um konkrete, im jeweiligen islamisch geprägten Staat ausgeformte Rechtsvorschriften.

Die Grundlage für diese Bereitschaft liegt in der Annahme der grundsätzlichen (also nicht: ausnahmslosen) Gleichwertigkeit aller Rechtsordnungen im Privatrechtsbereich. Überall hat das Recht die Aufgabe, einen friedlichen und gerechten Interessenausgleich herzustellen und erwünschte Rechtsbeziehungen zu stabilisieren, auch wenn die inhaltliche Ausfüllung abhängig von den gesellschaftlichen und kulturellen Verhältnissen sehr unterschiedlich ausfallen kann. Soweit ersichtlich haben sich bis auf Saudi-Arabien alle Staaten der Welt diesem System angeschlossen.

Ähnlich verhält es sich mit der Anerkennung im Ausland begründeter Rechtsverhältnisse. Sie ist schlicht notwendig, will man nicht den grenzüberschreitenden Verkehr zum Stillstand bringen. Wer würde es beispielsweise akzeptieren, bei der Rückkehr ins Inland das Eigentum an Gegenständen zu verlieren, die im Ausland nach dortigem Recht erworben wurden, oder mit dem Grenzübertritt nicht mehr als verheiratet zu gelten, weil die Ehe nach fremdem Recht geschlossen wurde? Hier wird der Vertrauensschutz durch Anerkennung auch dann gebraucht, wenn die relevanten Vorschriften des ausländischen Rechts sich von den inländischen unterscheiden.

Freilich hat die Bereitschaft zur Anwendung fremden Rechts aus guten Gründen Grenzen. Wenn die Unterschiede in den rechtspolitischen Bewertungen zu groß werden, könnte das zur Folge haben, dass die Durchsetzung fremder Rechtsauffassungen den inneren, durch staatliche Instanzen garantierten Rechtsfrieden und damit die Hauptfunktion der Rechtsordnung gefährden würde. Die Grenzziehung erfolgt durch die Regelungen des sogenannten «ordre public». In Deutschland (Art. 6 EGBGB), Österreich (§ 6 Gesetz über das Internationale Privatrecht – IPRG) und der Schweiz (Art. 17 IPRG) finden sich hierfür weitgehend deckungsgleiche zentrale Bestimmungen.

Art. 6 EGBGB Öffentliche Ordnung (ordre public): «Eine Rechtsnorm eines anderen Staates ist nicht anzuwenden, wenn ihre Anwendung zu einem Ergebnis führt, das mit wesentlichen Grundsätzen des deutschen Rechts offensichtlich unvereinbar ist. Sie ist insbesondere nicht anzuwenden, wenn die Anwendung mit den Grundrechten unvereinbar ist.»

Die Formulierung dieser Norm zeigt zwei Stoßrichtungen an. Zum einen führt nicht jede inhaltliche Abweichung, sondern nur die *offensichtliche* Verletzung *wesentlicher* Grundsätze zur Unanwendbarkeit. Je stärker der Inlandsbezug des zu entscheidenden Sachverhalts ist, desto eher wird diese Grenze überschritten. Zum anderen wird deutlich, dass nicht die anwendbare fremde Norm als solche zu überprüfen ist, sondern nur das Ergebnis ihrer Anwendung. Darin liegt ein wesentlicher Unterschied: Beispielsweise verstößt das einseitige Recht des Ehemannes zur Verstoßung der Ehefrau (Talaq) gegen die Grundrechte des Schutzes von Ehe und Familie (Art. 6 Grundgesetz – GG) sowie die Gleichberechtigung der Geschlechter (Art. 3 GG). Im Inland ausgesprochen wäre er unwirksam, auch bei ausschließlich ausländischer Beteiligung (Spezialregelung des ordre public in Art. 17 Abs. 2 EGBGB).

Ist hingegen die Verstoßung im Geltungsbereich einer anderen Rechtsordnung erfolgt, die sie für wirksam erklärt, so ist nach den Maßstäben einer umfangreichen (deutschen) Rechtsprechung zu differenzieren: In den Fällen, in denen die Ehefrau ihre Interessen in keiner Weise zur Geltung bringen konnte und sie

nicht mit der Scheidung einverstanden ist (einzelne islamisch geprägte Rechtsordnungen lassen mittlerweile die Verstoßung per
SMS zu, was allerdings heftig umstritten ist), verstößt der Talaq
gegen den inländischen ordre public und wird nicht anerkannt.
Anderes gilt nach der genannten Rechtsprechung in den Fällen,
in denen beispielsweise die Ehefrau einverstanden ist oder selbst
die Anerkennung wünscht, weil sie sich damit ein erneutes kom-
pliziertes Scheidungsverfahren im Inland erspart, oder wenn das
Ehepaar so lange getrennt gelebt hat, dass eine Scheidung auch
nach den Maßstäben des deutschen Familienrechts möglich
wäre. Immer muss ausgelotet werden, wie stark die Abweichung
vom inländischen Standard und wie intensiv der Inlandsbezug
(beispielsweise wegen inländischen gewöhnlichen Aufenthalts
der Beteiligten oder deren inländischer Staatsangehörigkeit) des
Falles ist. Interessanterweise kommt man trotz gleichlautender
Regelungen in Österreich zu anderen Ergebnissen. Dort wird die
Verstoßung von den Gerichten generell nicht anerkannt. Das er-
höht einerseits die Klarheit der Ablehnung der Verstoßung als
Rechtsinstitut. Andererseits werden die Beteiligten auch dann zu
einem neuen, vielleicht kostenträchtigen Verfahren gezwungen,
wenn sie beide mit der Verstoßung einverstanden waren und
sich auf ihre Wirksamkeit verlassen haben. Systemtreue einerseits und Einzelfallgerechtigkeit andererseits sind jeweils gegen-
einander abzuwägen.

Nach alledem gelangt das Recht zu differenzierten Lösungen.
Im Bereich des Vertrags- und Wirtschaftsrechts stellen sich keine größeren Probleme. Formen islamischen Wirtschaftens auf
der Grundlage des Verbots von Zins- und Spekulationsgeschäften sind aus inländischer Sicht in aller Regel zulässig. Weitgehend unproblematisch sind auch Vorschriften bzw. Vereinbarungen über die Brautgabe. Wenn sie schon im Inland zulässig
ist, so ist sie erst recht im grenzüberschreitenden Verkehr möglich. Für das Interesse der Medien haben in jüngerer Zeit Fälle
gesorgt, in denen deutsche Gerichte iranischen Ehefrauen die im
Iran ehevertraglich vereinbarte Zahlung von mehreren hundert
Goldstücken zusprachen. Hier geht es häufig schlicht um eine
völlig unanstößige nacheheliche Unterhaltssicherung. Auch die

Vereinbarung von Sachwerten anstelle einer hochinflationären Währung wie dem iranischen Rial sollte nicht verwundern.

Die wesentlichen Konfliktfelder liegen im Bereich des Personenstands-, Familien- und Erbrechts dort, wo islam-rechtlich geprägte ausländische Vorschriften an der traditionellen Ungleichbehandlung der Geschlechter und der Religionen festhalten oder Minderjährige nicht hinreichend schützen. So werden Eheschließungen von Beteiligten, die das Mindestalter von 15 Jahren noch nicht erreicht haben, nicht anerkannt. Ebenso wenig kann das Verbot der Ehe zwischen Muslimin und Nicht-Muslim respektiert werden. Die noch verbreitete pauschale Zuweisung der Vormundschaft für Kinder an den Vater und die ebenso pauschale Zuweisung der tatsächlichen Personensorge je nach Alter und Geschlecht des Kindes an Mutter oder Vater ohne Rücksicht auf die bestmögliche Verwirklichung des Kindeswohls im Einzelfall ist gleichfalls abzulehnen.

Besonders öffentlichkeitswirksam sind die vermutlich wenigen Fälle polygamer Ehen in Deutschland. Die Eingehung einer solchen Ehe in Deutschland in der hier vorgeschriebenen Form ist strafbar (§ 172 Strafgesetzbuch – StGB). Damit bringt das deutsche Recht seine scharfe Missbilligung dieses Instituts klar zum Ausdruck. Einen nur informellen Schluss solcher «Ehen» ohne gesetzliche Wirkung ignoriert die deutsche Strafrechtsordnung schlicht; außereheliche Beziehungen aller Art ziehen hierzulande seit einiger Zeit keine strafrechtlichen Sanktionen mehr nach sich. Wie aber geht man mit im Ausland nach dortigem Recht wirksam eingegangenen polygamen Ehen um?

Das Recht differenziert diesbezüglich ebenfalls nach Schutzbedürfnissen. Die Zweitfrau kann ihre nach Herkunftsrecht bestehenden Ansprüche etwa auf Unterhalt und Erbbeteiligung auch im Inland gegen den Ehemann geltend machen. Obwohl das Recht die Polygamie verwirft, hilft es hier der konkret betroffenen Frau gegen ihren Ehemann; andernfalls wäre sie insoweit schutzlos und erhielte möglicherweise Sozialunterstützung.

Keinerlei Sonderrechte lassen sich hingegen im Hinblick auf Dritte oder den Staat ableiten. So kann es für Zweitfrauen keine kostenlose Mitversicherung in gesetzlichen Sicherungssystemen geben. Darüber hinaus genießen sie im Aufenthaltsrecht nicht die Privilegien von Ehegatten. Eine Sonderregelung trifft § 34 Abs. 2 Sozialgesetzbuch I, der eine Verteilung von (vom Ehemann erworbenen!) Sozialversicherungsansprüchen auf mehrere hinterbliebene Ehefrauen vorschreibt.

Auch fast alle islamisch geprägten Staaten lassen im Übrigen die begrenzte Anwendung ausländischen Rechts in vergleichbarer Form zu. Dabei werden manche europäischen Rechtsvorschriften durch den dortigen, oft noch von traditionellen Vorstellungen beherrschten ordre public abgewehrt. Dies trifft beispielsweise gleichgeschlechtliche Ehen/eingetragene Lebenspartnerschaften, Adoptionen oder Sorgerechtsentscheidungen nach dem Kindeswohl, die faktisch sehr häufig zugunsten der Mütter ausfallen, während nach islam-rechtlichen Einschätzungen die Väter berufen würden. Auch aus dieser Sicht werden bestehende Gegensätze in einigen wichtigen Rechtsbereichen deutlich. Aus diesen Gründen kann es sich gerade bei international ausgerichteter Lebensführung empfehlen, die Rechtsverhältnisse im Rahmen des jeweils Zulässigen so zu gestalten, dass die wichtigsten Anliegen unabhängig vom Aufenthaltsort rechtlich durchsetzbar bleiben.

Insgesamt ist zu beachten, dass islam-rechtlich begründete Vorschriften in den verschiedenen islamisch geprägten Staaten sehr unterschiedlich ausgestaltet sind; man muss deshalb immer das konkret geltende Recht heranziehen. Zudem ist zu bedenken, welch starkem Wandel das Recht gerade im Ehe-, Familien- und Sexualbereich unterliegt. Die in der westlichen Welt innerhalb weniger Jahrzehnte fundamental geänderten Einstellungen und Rechtsregelungen etwa zu nichtehelicher Geburt und außerehelichen oder gleichgeschlechtlichen Beziehungen stehen als Beispiel. Solcher Wandel ist auch – weniger schnell und durchaus nicht einheitlich – in islamisch geprägten Staaten und ihren Rechtsordnungen zu erkennen. Die immer wieder kultivierte Vorstellung eines ein für allemal geschaffenen statischen Rechts trifft diese Region so wenig wie andere Teile der Welt.

Dispositives Sachrecht

Immer mehr Musliminnen und Muslime erlangen die deutsche Staatsangehörigkeit oder haben ihren Lebensmittelpunkt im Inland. Es stellt sich nun die Frage, ob auch bei Inlandssachverhalten das deutsche oder jeweilige inländische Sachrecht sich fremden, auch islam-rechtlichen Rechtsvorstellungen öffnet. Hierbei wird die Grenzziehung zwischen zwingenden und sogenannten «dispositiven» Vorschriften entscheidend. Freiheitsorientierte Rechtsordnungen wie die deutsche, die auf der verantwortlichen Entscheidung mündiger Bürger aufbauen, lassen den Beteiligten bei der Regelung ihrer privaten Rechtsbeziehung weiten Raum. Sie wissen und respektieren, dass diese meist besser als staatliche Instanzen beurteilen können, was für sie gut ist; individuelle Präferenz steht vor obrigkeitsstaatlicher Bevormundung.

Hierfür gibt es allerdings Grenzen: Nicht jede scheinbar «frei» getroffene Entscheidung entspricht diesem Bild. Mangelnde Informationsmöglichkeiten oder fehlende Verhandlungsmacht schaffen Ungleichgewichte, bei denen uneingeschränkte Gestaltungsfreiheit die jeweils schwächeren Beteiligten grundlegend benachteiligen würde; sie verkäme zur Freiheit des Wolfes in der Schafsherde. Deshalb übernimmt die staatliche Rechtsordnung auch in den Bereichen des Bürgerlichen Rechts, in denen derartige Ungleichgewichte typischerweise vorliegen, den Schutz der Schwächeren durch zwingende Regelungen. Hier endet also die Gestaltungsfreiheit.

Konkret bedeutet dies etwa, dass beträchtliche Teile des Vertrags- und Wirtschaftslebens in erheblichem Umfang individuell ausgestaltet werden können. Wer sich an ein traditionell weit verstandenes Verbot der Zinsnahme gebunden fühlt, mag zinsfreie Geschäfte vereinbaren. Wo Öko-Banking und andere ethisch oder religiös motivierte Formen des Wirtschaftens zulässig sind, mag auch die Islamic Finance ihren Platz finden, etwa durch Geldanlagen, die auf die Investition in Pornographie, Alkohol- und Schweinefleischproduktion etc. verzichten. Rechtlich zulässig erscheint vor diesem Hintergrund zudem die Ausgestaltung von Mietverträgen über Gewerberaum (nicht von Wohnraum), die eine bestimmte Ausrichtung der Immobiliennutzung sicherstellen soll. Wenn die Einrichtung von Ramschläden verhindert werden darf, können auch der Bordellbetrieb oder der Alkoholausschank ausgeschlossen werden. Aus rechtlicher Sicht ist hier – anders als in der Boulevardpresse dargestellt – kein «Scharia-Irrsinn» zu erkennen, sondern die mehr oder auch weniger sinnfällige Ausnutzung rechtlicher Gestaltungsmöglichkeiten, auf die der Markt in der einen oder anderen Weise reagieren kann. Dasselbe gilt für die Einrichtung von Ladengeschäften oder Dienstleistungsunternehmen («Muslim-Taxi» mit Abstimmung des Geschlechts von FahrerIn und Fahrgast), soweit keine Verstöße gegen Anti-Diskriminierungs- oder andere einschlägige Ordnungsvorschriften vorliegen. Gerade auch hier gilt: Derartige Unternehmungen sind schlicht an den Grundätzen des geltenden Rechts zu messen, ohne Bevorzugung oder Benachteiligung.

Gestaltungsmöglichkeiten werden in gewissem Umfang ferner im Eherecht anerkannt. So hat der Bundesgerichtshof in einem Urteil von 1999 (NJW 1999, 574) die ehevertragliche Vereinbarung einer Brautgabe nach islamrechtlichen Vorstellungen grundsätzlich gebilligt. Eine solche Vereinbarung kann insbesondere dann nützlich werden, wenn die Eheleute damit rechnen, ihr Leben im Anwendungsbereich islamisch geprägter Eherechtsordnungen zu verbringen, in denen etwa im Falle der Scheidung auch langjähriger Ehen und ohne Rücksicht auf die Bedürftigkeit nur sehr kurze nacheheliche Unterhaltsansprüche bestehen und die Brautgabe insoweit als finanzielle Absicherung dienen kann.

Anderes gilt allerdings für rechtskulturelle Praktiken wie das «Kopfgeld» (türk. Başlık), das von der Familie des Bräutigams an die Brautfamilie zu zahlen ist. Es ist kein Bestandteil des islamischen Rechts, aber in manchen Herkunftsregionen verbreitet, in denen sich das Leben nach archaischen Prinzipien in Großfamilienverbänden abspielt und der «Übertritt» der Braut in die neue Familie durch eine «Ausgleichszahlung» an die Familie kompensiert wird, in der sie aufgezogen wurde. Solche Praktiken werden nach inländischen Maßstäben als Verstoß gegen die guten Sitten (§ 138 BGB) bewertet und würden bei Anwendbarkeit ausländischen Rechts gegen den ordre public verstoßen.

Soweit Gestaltungsfreiheit gegeben ist, wird sich für hier lebende Muslime doch die Frage stellen, ob sie auch genutzt werden soll. Ein wichtiger Fall, der zunehmend debattiert wird, ist die Erbnachfolge. Manche Muslime sehen sich der traditionellen islamrechtlichen Erbschaftsregelung verpflichtet, wonach weibliche Hinterbliebene nur die Hälfte dessen erhalten, was männlichen Hinterbliebenen in derselben Beziehung zum Erblasser zusteht. Insoweit stehen testamentarisch grundsätzlich erbrechtliche Gestaltungsmöglichkeiten offen. Im Ergebnis erhalten dann die benachteiligten Frauen den «Pflichtteil» in Höhe der Hälfte des gesetzlichen Erbteils. Aber entspricht dies dem Sinn der islam-rechtlichen Normen? Soweit Rechtsgelehrte sich damit befasst haben, kommen sie zu dem Schluss, dass keineswegs eine Ungleichbehandlung der Geschlechter vorliege. Die doppelten Erbanteile für Männer stellten nur eine (pauschale) Kompensation für die ihnen einseitig vom islamischen Recht auferlegten Pflichten zum finanziellen Familienunterhalt und zur Zahlung der Brautgabe an die künftige Ehefrau dar.

Wer sich auf eine solche Argumentation einlässt, muss sich dann allerdings die Frage stellen, wie im Geltungsbereich von Rechtsordnungen wie der deutschen zu verfahren ist, die Rechte und Pflichten innerhalb der Familie weitestgehend geschlechtsneutral verteilen: Die Pflicht zur Zahlung einer Brautgabe besteht nicht, und Unterhaltsansprüche richten sich nur nach Leistungsfähigkeit und Bedürftigkeit. Gelehrte wie Faisal Kutty oder Benjamin Idriz folgern daher, dass angesichts derartiger Rahmenbedingungen die erbrechtliche Gleichbehandlung auch dem Sinn der islamischen Regelungen entspreche. Nicht zuletzt im Hinblick auf solche Fragen besteht die Aussicht auf die Entwicklung eines intellektuell unterfütterten muslimischen Selbstverständnisses im Rahmen säkularer Rechtsstaaten auf universitärem wissenschaftlichem Niveau an den Standorten, die islamisch-religiöse Studien etabliert haben.

Einführung islam-rechtlicher Normen

Nicht in Deutschland, aber in einigen anderen europäischen Staaten wurden islam-rechtliche Normen in die bestehende Rechtsordnung übernommen. Hier handelt es sich also nicht nur um die Berücksichtigung islam-rechtlicher Vorstellungen im Rahmen des geltenden dispositiven Rechts, sondern um eine echte Ergänzung dieses Rechts. Dabei sind drei Modelltypen erkennbar:

In Griechenland wurde aus historischen Gründen im Friedensvertrag von Lausanne 1923 der türkisch-muslimischen Minderheit in Thrakien unter anderem die Beibehaltung des islamischen Personenstands- und Familienrechts mit eigenen Entscheidungsinstanzen zugestanden (Art. 42 und Art. 45 des Vertrags). Dies führt zu dem nicht nur kuriosen Ergebnis, dass heute zwar in der Türkei, nicht aber in Thrakien die Gleichberechtigung der Geschlechter gilt – eine Versteinerung lebender Rechtsverhältnisse und Zwangskulturalisierung der Betroffenen. Zudem werden solche Vorschriften in der Praxis zunehmend inkonsequent angewendet, nachdem eine Vielzahl von in Griechenland lebenden Muslimen aus anderen Regionen dem allgemein geltenden Recht unterworfen ist. Mag die religiöse Rechtsspaltung in der Vergangenheit eine befriedende Wirkung erzielt haben, so kann sie doch kein Modell für Europa abgeben.

Anders geartet sind rechtliche Neuerungen nach dem Modell Spaniens, das im Jahr 1992 die traditionelle islam-rechtliche Form der Eheschließung vor zwei Zeugen für zulässig erklärt hat. Die Inhalte und Grenzen ergeben sich allerdings weiterhin aus dem allgemein gültigen spanischen Eherecht, für die zivilrechtliche Wirksamkeit bedarf es zusätzlich der Registrierung. Hierbei handelt es sich demnach um eher unbedeutende Ergänzungen in Rechtssystemen, welche die religiöse Trauung unter bestimmten Voraussetzungen der Ziviltrauung rechtlich gleichstellen. Im Grunde wird in diesem Fall nur die rechtliche Gleichbehandlung mit den Eheschließungsformen anderer, länger etablierter Religionen erreicht. Für Deutschland kommt dies schon deshalb nicht in Betracht, weil alleine die Ziviltrauung rechtliche Folgen auslöst. Es ist auch keinerlei Bedarf erkennbar, ist doch die standesamtliche Trauung in Gegenwart zweier Zeugen vorzunehmen und entspricht damit auch islam-rechtlichen Vorstellungen.

Eine dritte Variante ist die sinngemäße Übernahme von Vorschriften in das für *alle* geltende Recht, also die Inspiration der Gesetzgebung durch angemessen erscheinende Regelungen anderer Rechtsordnungen, wie sie seit Jahrhunderten praktiziert wird. Ein Beispiel hierfür bildet die im englischen Recht seit 2002 aufgenommene «special guardianship». Sie steht in der Intensität der Rechtsbeziehungen zwischen Eltern und Kind zwischen der rechtlich schwachen Pflegschaft einerseits und der Adoption mit voller Statusfolge (wie der eines leiblichen Kindes) andererseits. Inhaltlich lehnt sie sich an die islam-rechtliche Kafala an, die wegen des koranischen Verbots der Adoption entwickelt wurde.

Insgesamt beschränken sich solche Übernahmen zu Recht auf enge rechtliche Bereiche in wenigen Staaten. Die Schaffung eines religiös gespaltenen Zivilrechts wäre für Europa ein Rückschritt und ist aus vielerlei Gründen abzulehnen. Stattdessen eröffnet das für alle geltende dispositive Sachrecht hinreichende Gestaltungsspielräume für individuelle Präferenzen, gewährt aber auch den erforderlichen einheitlichen Schutz.

Gründe und Mechanismen der Anwendung islam-rechtlicher Normen

Eher externe, also vom Willen der Beteiligten unabhängige Gründe für die Anwendung islam-rechtlicher Normen sind zum einen im in Europa geltenden Recht zu finden, wenn sie durch die Vorschriften des IPR (oben S. 95 ff.) oder durch inkorporierte Vorschriften Geltung erlangen.

In anderen Falllagen privater Rechtsbeziehungen, insbesondere im Familien- und Erbrecht, entspricht es dem Willen der Beteiligten, dass solche Normen zur Anwendung kommen. Die Gründe hierfür sind allerdings sehr unterschiedlich. Drei Arten lassen sich unterscheiden:

Erstens können rein äußerlich-technische Gründe dafür sprechen. So verhält es sich etwa dann, wenn muslimische Parteien im Inland Handlungen auf der Basis islamischen Rechts vornehmen, die zwar hier keine Rechtswirkungen entfalten (z. B. die islam-rechtliche Eheschließung in der Moschee), die aber im Gegensatz zu hiesigen staatlichen Entscheidungen im Herkunftsland anerkannt werden. Ähnlich verhält es sich bei international-privatrechtlich zulässigen Gestaltungen durch Rechtswahl, sofern damit ein gewisses Maß gewünschter Inhalte auch nach Übersiedlung in den Geltungsbereich dieser Rechtsordnung durchsetzbar bleibt, oder im Falle von international durchsetzungsfähigen Wirtschaftsverträgen, in denen spekulative Elemente oder Zinsen durch islam-rechtlich anerkannte Instrumente ersetzt werden. Hierher gehören schließlich auch Fälle, in denen die Beteiligten ihre Beziehungen zwar nach deutschem Sachrecht regeln möchten, sie jedoch die gegebenenfalls erforderlichen Dokumente nicht aus dem Herkunftsland beschaffen können. Deshalb haben beispielsweise irakische Flüchtlinge vor einem Imam Ehen geschlossen, die zwar nach deutschem Recht unwirksam sind, dem Paar aber in ihrer sozialen Umgebung einen akzeptierten Status verleihen.

Zweitens mögen kulturelle Prägungen eine Rolle spielen. Einerseits zeigen sich neue Entwicklungen vor allem in der jüngeren Generation: Man vermeidet bewusst familienrechtliche Folgen des vor Ort geltenden Rechts (z. B. Unterhaltsverpflichtungen oder die Notwendigkeit eines Scheidungsverfahrens), indem man sich nur in rechtlich unwirksamer, aber sozial anerkannter «islamischer» Form verlobt oder ehelicht. Gelegentlich geschieht das, um die Familie zufriedenzustellen oder aber durch Schaffung von Fakten zum Einverständnis zu einer späteren Ehe zu drängen. Eine Annäherung an die Lebensverhältnisse der Mehrheitsgesellschaft zeigt sich daran, dass eine rechtswirksame Ehe oft dann eingegangen wird, wenn Kinder zur Welt kommen oder gemeinsam eine Immobilie angeschafft wird.

Ganz anders gelagert sind insoweit Sachverhalte vor allem in zugewanderten Bevölkerungsgruppen mit starker rechtskultureller Herkunftsidentität und wenig Informationen über die Aufnahmegesellschaft. Diese finden sich in Mitteleuropa kaum, wohl aber in großer Zahl in Großbritannien. Häufig richten sich solche aus Pakistan, Bangladesch oder Indien eingewanderte Menschen etwa bei der Eheschließung nach dem Recht und den Gewohnheiten des Herkunftsstaats, der eine religiöse Rechtsspaltung kennt (also nach islamischem Recht für Muslime). Derartige Rechtsverhältnisse werden in Großbritannien oft nicht anerkannt, entfalten allerdings soziale Wirksamkeit. Will sich nun eine auf diese Weise «verheiratete» Ehefrau von ihrem Ehemann scheiden lassen, so ist dies mangels wirksamer Ehe vor staatlichen Gerichten nicht möglich. Für solche Fälle haben sich dort seit mehreren Jahrzehnten einige Dutzend sogenannter Sharia Councils gebildet, die rechtlich informell, aber sozial wirksam die «Ehemänner dazu bewegen, in die »Scheidung" einzuwilligen. Ähnliches gilt für die Fälle, in denen die soziale Umgebung eine alleinige Scheidung durch staatliche Gerichte nicht als hinreichend ansieht.

Derartige informelle Mechanismen können für Personen hilfreich sein, die in großer Distanz zur Mehrheitsgesellschaft und eng eingebettet in einen repressiven sozialen Rahmen leben. Sie haben allerdings ihren Preis: Verglichen mit den Regeln des geltenden staatlichen Rechts werden Frauen durch die angewandten Normen gewöhnlich benachteiligt. Auf diese Weise entstehen ein Gefälle im Rechtsschutz und die Tendenz zur rechtlichen Parallelgesellschaft. Freilich gibt es keine staatlichen Eingriffsmöglichkeiten, solange die Nutzung derartiger Instrumente freiwillig erfolgt oder Fälle von Zwang staatlichen Stellen nicht bekannt werden. Hier hilft nur Information über das geltende Recht und seine Schutzmechanismen. Zudem ist zu beachten, dass selbstverständlich eine außergerichtliche Streitschlichtung durch Mediation oder religiöse Begleitung positiv wirken kann und dies von der Rechtsordnung sogar unterstützt wird, wenn ein friedlicher Ausgleich gesucht wird. Wichtig ist jedoch, dass dies freiwillig geschieht, dass kein unzulässiger Druck auf Beteiligte oder Zeugen ausgeübt wird, dass Mittelpersonen professionell und neutral agieren und der Weg zu staatlichem Rechtsschutz offen bleibt.

Meines Erachtens skeptisch zu sehen sind jedoch Entwicklungen in Großbritannien, bei denen auf der Grundlage des dortigen Schiedsverfahrensrechts nicht nur Wirtschaftsstreitigkeiten, sondern auch bestimmte Familienrechtskonflikte in erheblichem Umfang außerhalb staatlicher Instanzen durch formell anerkannte religiöse Schiedsgerichte entschieden werden können. So haben sich in verschiedenen Städten seit 2007 sogenannte Muslim Arbitration Tribunals gebildet, die auf der Grundlage islamischen Rechts agieren, nach eigener Darstellung teils auch in Fällen häuslicher Gewalt (also auch jenseits des Privatrechts). Meiner Ansicht nach ist der staatliche Schutzauftrag in solchen Fällen nicht delegationsfähig, schon gar nicht an Instanzen, die ein Normensystem anwenden, das sich in wesentlichen Punkten (insbesondere Geschlechtergleichheit) signifikant vom staatlichen Recht unterscheidet. Das gilt auch für familiäre Statusfragen.

In manchen Fällen allerdings beschreiten Beteiligte solche informellen oder formellen Schlichtungswege auch deshalb, weil sie kein Vertrauen in die staatlichen Institutionen haben. Dies kann im Einzelfall daran liegen, dass das staatliche Personal den Lebenskontexten der Betroffenen mit Unkenntnis oder Unverständnis begegnet und die Beteiligten sich deshalb nicht verstanden fühlen. Hier geht es nicht um die Anwendung fremden Rechts, sondern um die Notwendigkeit, bei der staatlichen Anwendung des geltenden Rechts hinreichend kulturelle Sensitivität zu entfalten. Der Verfasser verfügt selbst über richterliche Erfahrung und weiß, dass dieses Bedürfnis keineswegs nur unter Zuwanderern besteht. Auch ein Richter, der sich über den einheimischen Dialekt von Beteiligten lustig machen würde, verlöre deutlich an Akzeptanz. Zudem bringen viele aus rechtsstaatsfernen Ländern stammende Migranten massives Misstrauen gegenüber staatlichen Institutionen mit, das im Hinblick auf das Herkunftsland allzu oft berechtigt ist, nicht jedoch, was hiesige Institutionen angeht, die sich als Kooperationspartner der Bevölkerung nach rechtsstaatlichen Prinzipien verstehen. Informationen über Zugänge zum Recht, seine Wirkungsweisen und Inhalte müssen hier möglichst effizient vermittelt werden.

Schließlich können auch religiöse Überzeugungen ausschlaggebend sein. Hierbei sind zwei Fälle deutlich voneinander zu unterscheiden. Im ersten Fall nutzen die Beteiligten die Gestaltungsmöglichkeiten des geltenden Rechts, um ihre Anliegen zu erreichen. Dies kann durch Rechtswahl im IPR ebenso erfolgen wie durch vertragliche Regelungen auf der Grundlage des Sachrechts (oben S. 95 ff.). Das geltende Recht wird schlicht akzeptiert und genutzt.

Im zweiten Fall hingegen lehnen die Beteiligten das geltende Recht und seine Durchsetzungsmechanismen aufgrund ihrer religiösen Überzeugung generell ab. So verhält es sich bei der anteilig geringen Zahl muslimischer Extremisten, die ihrer Vorstellung vom «gottgegebenen Recht» folgen möchten und «menschengemachtes» säkulares Recht und die Institutionen der «Ungläubigen» ablehnen. Solche Grundhaltungen leiden zwar an einem fundamentalen Fehlverständnis sowohl des islamischen als auch des säkularen europäischen Rechts, werden aber teilweise auch durch anti-säkulare und anti-christliche Propaganda hochrangiger Gelehrter insbesondere aus Saudi-Arabien geschürt. Der Angriff auf die Grundlagen des geltenden Rechts als Basis friedlichen Zusammenlebens wird hier offensichtlich. Er schadet nicht nur der Gesellschaft insgesamt, sondern bringt zudem die vielen rechtstreuen Muslime in Misskredit.

Andere Wege stehen offen: In vielen Rechtsfragen besteht überhaupt kein Gegensatz zwischen islamrechtlichen Normen und europäischen Rechtsordnungen. Wo es solche Gegensätze gibt, ist es erforderlich, die vorhandene «Hausordnung» (Verfassungen und sonstige Rechtsordnung) als gemeinsame Grundlage zu respektieren. Im säkularen Rechtsstaat – der auch Religionsfreiheit als Menschenrecht garantiert! – entscheidet im potentiellen Konflikt zwischen religiösem Wahrheitsanspruch und weltlicher Interessenordnung die letztere. Staat und Religion kooperieren, sind aber prinzipiell getrennt. Religion und Politik müssen hingegen keineswegs getrennt sein; auch religiöse Argumente haben hier ihren breiten Raum.

Dabei sind muslimische Positionen so vielfältig wie diejenigen anderer Religionen und Weltanschauungen. Oft wird die verbreitete mystische Prägung vieler Menschen (Sufismus) oder der eher volksreligiöse oder kulturreligiöse Zugang übersehen. Für viele Musliminnen und Muslime im Westen kommt dem islamischen Recht (nicht: der Religion!) geringe oder überhaupt keine Bedeutung zu. Der säkulare Rechtsstaat muss auch diese Pluralität berücksichtigen. Noch wichtiger ist es, nicht der eigenartigen Allianz von muslimischen Extremisten und Islamhassern zu folgen, die «den Islam» in Gegensatz zum demokratischen Staat bringen möchten. Diese Haltung ignoriert die Lebenswirklichkeit ebenso wie den reichen Fundus der islamischen Normenlehre. Insofern bedarf einerseits der Rechtsstaat des wirksamen Schutzes vor islamistischem Extremismus, andererseits Musliminnen und Muslime aber auch seines Schutzes etwa vor böswilliger Verleumdung wie der wissenschaftlich nicht haltbaren Behauptung, der Islam erlaube schlechthin das Lügen zum eigenen Vorteil (sogenannte «Taqiya»), vor offener Hetze mit Androhungen der Deportation in Internetblogs wie «Policitally Incorrect» und sogar vor tödlicher Gewalt, wie sie sich in einem Dresdner Gerichtssaal gezeigt hat.

Abschließend sei festgehalten, dass sich die Friedensfunktion des Rechts im demokratischen Rechtsstaat nur dann dauerhaft erhalten lässt, wenn mit Hilfe von Erziehung und Überzeugungsbildung ein breiter Grundlagenkonsens hergestellt und stabil gehalten wird. Dies betrifft alle Teile der Gesellschaft gleichermaßen.

6. Perspektiven

Neben den erwähnten verbreiteten Reformen ist seit einigen Jahrzehnten in manchen Staaten der islamischen Welt auch eine Re-Islamisierung des Rechts zu beobachten, insbesondere im Straf- und Familienrecht. Dafür gibt es unterschiedliche Beweggründe. Zum einen wird vor allem das islamische Familien- und Erbrecht oft zum letzten kulturellen Bollwerk der islamischen Welt gegen angebliche oder tatsächliche westliche Dominanz stilisiert. Reformer werden als fünfte Kolonne des Westens diskreditiert und finden wenig Zugang zur verarmten Bevölkerung in Großstadtslums und auf dem Land. Zum anderen handelt es sich häufig in erster Linie um ein Politikum: Machthaber spielen die «islamische Karte», um von eigenem Versagen abzulenken, Unterstützung von traditionalistischen oder extremistischen Geldgebern aus dem In- oder Ausland zu erhalten, zur politischen Befriedung extremistischer Kreise im Inneren oder auch aus schlichter Überzeugung wie im Falle der afghanischen Taliban, deren ideologische Grundlagen eine krude Mischung aus paschtunischen Stammesvorstellungen und einem intoleranten und frauenfeindlichen Islam saudisch-wahhabitischer Prägung darstellen.

Zudem ist in nicht wenigen Staaten das Niveau der Rechtswissenschaft und -pflege recht niedrig. Ein großer Teil (nicht alles!) der auf Arabisch in der Region publizierten Literatur ist, zurückhaltend formuliert, von überschaubarem intellektuellem Potential und gibt nur in immer neuen Wendungen bei den «Klassikern» nachzulesende Ansichten unreflektiert wieder. Einen Sonderfall stellen Staaten wie Somalia dar, in denen islamische Rechtsinstanzen über längere Zeit der einzige Ordnungsfaktor im Chaos der Bürgerkriegswillkür waren.

Wo traditionalistische oder islamistische Kräfte stark sind oder werden, wirkt sich dies regelmäßig zuerst und massiv zu

Lasten von Frauenrechten aus. Auch religiöse Minderheiten geraten dann meist unter Druck. Bei allen Unterschieden zwischen den beiden Richtungen des Islamismus und des Traditionalismus (ohne politischen Anspruch) findet sich ein erhebliches Maß an Gemeinsamkeiten insbesondere in der Haltung zum Geschlechterverhältnis. So ist beispielsweise in Ägypten oder Tunesien zu beobachten, dass eine Entradikalisierung der Islamisten mit einer inhaltlichen Annäherung an die Traditionalisten und umgekehrt einhergeht. In Rechtsfragen zum Geschlechterverhältnis oder zum Religionswechsel finden sich nicht selten Übereinstimmungen zwischen Islamisten und traditionalistischen Gelehrten sogar in der al-Azhar-Universität. Durchaus der Tradition widersprechend ist die Vollstreckung der koranischen Strafen an Nichtmuslimen, wie es im Sudan vorkam. So gesehen ist das «re-islamisierte» Strafrecht ein modernes Kunstprodukt.

Im Familienrechtsbereich werden typischerweise Frauenrechte eingeschränkt; dies ist oft verbunden mit einer obsessiven Geschlechtertrennungspolitik und Willkürmaßnahmen gegen Frauen. Ein Beispiel aus jüngerer Zeit bilden polizeiliche Aktionen in der indonesischen Provinz Aceh, in der im Jahre 2004 zur Befriedung der örtlichen Aufständischen die Scharia und damit auch wesentliche Elemente des islamischen Rechts wiedereingeführt wurden. Nach einer Pressemeldung («West Aceh Introduces Bylaw on Tight Jeans», Jakarta Globe vom 26.05.10) werden dort künftig Frauen in engen Jeans oder kurzen Röcken gezwungen, stattdessen Wickelröcke zu tragen; die anstößige Kleidung wird konfisziert und zerschnitten. Im Wiederholungsfall muss mit Haft gerechnet werden. Auch die neuerdings im arabischen und subsaharischen Bereich stark auftretenden Salafisten vertreten eine repressive öffentliche Moral vor allem zu Lasten von Frauen, Minderheiten und säkular gesinnten Menschen. Besonders feindlich agieren sie gegen Muslime anderer Ausrichtungen, wie das Beispiel Timbuktu im Jahr 2012 zeigte. Dort wurden Stätten sufistisch-muslimischen Weltkulturerbes brutal zerstört, wobei sich dagegen zunehmend Widerstand erhebt.

Teilweise zeigt sich ein gemischtes Bild: So hat der Iran im Familienrecht maßgebliche Verbesserungen für geschiedene Frauen dahingehend durchgesetzt, dass diese nun den Wert ihrer erbrachten Haushaltsleistungen für die traditionell sehr geringe nacheheliche Unterstützung berechnen dürfen. Andererseits ist man vermehrt dazu übergegangen, die Körperstrafen des koranischen Strafrechts wieder anzuwenden.

Ferner sind auch diejenigen Stimmen nicht verstummt, die eine Säkularisierung der islamischen Staaten einfordern. Ihre Zielrichtung ist es, den Islam und damit das islamische Recht als gottgegebenes, unangreifbares Herrschaftsinstrument auf seinen religiösen Gehalt zu konzentrieren. Damit wird nicht notwendig die Übernahme westlicher Konzepte propagiert: Es gibt eine durchaus innerislamische Säkularisierungsdebatte. Muhammad Arkoun etwa sieht den Islam (Koran und historische Entwicklung) als genuin säkular an. Dass sie auch mit Argumenten geführt wird, die in der westlichen Entwicklung der Trennung von Recht/Staat und Religion vorzufinden sind, darf nicht überraschen: Weiterführende Gedanken sind kein Exklusivgut westlicher Kultur. Immerhin bedienen sich die klassischen Juristen ebenfalls häufig der Argumente aus nichtislamischer antiker und späterer westlicher Literatur.

Bemerkenswert ist, dass sich in der Gegenwart zunehmend Nicht-Juristen zu Wort melden, die ihre eigene Interpretation des Islam entwickeln und vortragen, ohne sich mit den Subtilitäten der klassischen Literatur auseinanderzusetzen. Sie stellen ein ethisches Verständnis des Islam, das sich in den Menschenrechten und der Gleichberechtigung der Religionen wiederfindet, den teilweise engen und festgefügten mittelalterlichen Lehren entgegen. Muhammad Schahrur unterscheidet in seinem vielbeachteten Werk *al-Kitab wa l-Qur'an* zwischen der religiösen und der rechtlichen Komponente der Sendung Muhammads. Letzteren Aspekt unterwirft er weitgehenden Anpassungsmöglichkeiten nach Ort und Zeit. So deutet er beispielsweise die erbrechtlichen Bestimmungen als äußerste Grenzen, innerhalb derer die Verteilung der Erbteile variieren könne, womit auch eine Gleichberechtigung der Geschlechter möglich wird. Die

Sunna könne – abgesehen von Authentizitätsproblemen – nicht schlechthin Rechtsquelle, sondern nur eine nicht verpflichtende Handlungsempfehlung einer konkreten Person des 7. Jahrhunderts auf der Arabischen Halbinsel sein, soweit sie nicht mit der prophetischen Sendung Muhammads verbunden ist. Mit seinen Lehren hat er blinden Hass traditionalistischer Gelehrter auf sich gezogen.

Die zahlreichen Beiträge von Nicht-Juristen haben zwar keinen unmittelbaren Einfluss auf Rechtsetzung oder Rechtsanwendung, sie können aber zu einem Meinungsklima beitragen, das Reformen ermöglicht oder erleichtert. Das gilt erst recht im Zeitalter des Medienpluralismus. In Weltregionen außerhalb jener Staaten, in denen das Recht islamisch geprägt ist, werden solche Stimmen besonders bedeutsam für die Entwicklung religiöser Haltungen, die sich in den gegebenen Rahmen säkularer, den Menschenrechten verpflichteter Rechtsordnungen einfügen. Insbesondere zeigt sich gerade im Westen, aber auch in bedeutsamen Teilen der mehrheitlich muslimisch geprägten Welt eine Tendenz zur Abwendung von der Scharia als Gesetzesreligion hin zu einem ethisch-moralischen Verständnis islamischer Normativität: Nicht islamisches Recht im Sinne staatlicher Durchsetzung von Normen, sondern religiös-ethische Justierung steht dabei im Zentrum.

All dies zeigt ein buntes Bild von immer noch starkem Traditionalismus, der Einführung eines vermeintlich «ursprünglichen» neo-islamischen Rechts und teilweise schon umfangreicher Reform. Daran wird deutlich, dass das islamische Recht zwar keineswegs beliebige Inhalte produziert, aber doch ganz maßgeblich von der Grundhaltung seiner Interpreten abhängt.

7. Schlussbetrachtung

Seit seiner Frühzeit hat sich das islamische Recht als ein wissenschaftlich anspruchsvolles, plurales System von Rechtsnormen und Interpretationsmethoden entwickelt. Wie alle Rechtsordnungen der Welt will es Lebensverhältnisse ordnen und Interessenausgleich herstellen und ist dabei wie diese in die Lebensverhältnisse unterschiedlicher Zeiten, Orte und Personen eingebunden. Es liegt uns heute zwar eine Fülle rechtlicher Schriften ab dem späteren 8. Jahrhundert vor, doch sind noch viele Erkenntnislücken zu schließen: Relativ wenig erforscht sind Entwicklungen vom 14. bis zum 18. Jahrhundert in der gesamten islamischen Welt, insbesondere außerhalb des Osmanischen Reichs; generell ist die Situation auf dem Balkan, in Süd- und Südostasien, im subsaharischen Afrika und in Zentralasien noch in erheblichem Umfang ungeklärt. Da im Westen das islamische Recht bislang häufig von Nicht-Juristen bearbeitet wurde, blieben nicht leicht zu erschließende juristische Themen häufig außer Betracht: etwa das Deliktsrecht, das Verwaltungsrecht oder das Verfahrensrecht sowie weite Teile des schiitischen Rechts. Darüber hinaus gilt es, noch viel Erkenntnis über das islamische Recht als gelebtes Recht – auch im Spannungsfeld lokaler Gewohnheiten – zu gewinnen. Umgekehrt kann juristische Literatur als Fundgrube für Historiker und Sozialwissenschaftler dienen: Beispielsweise lassen detaillierte Ausführungen darüber, welche Wohnbereiche jeweils als «Gewahrsam» eines gestohlenen Guts im Sinne eines gegenüber (manchen) anderen Personen abgeschlossenen Bereichs gelten, Schlüsse auf lokale Lebensformen zu; und Familienzusammenhänge werden deutlich, wenn es um die Bestimmung derjenigen geht, die für die Straftaten eines Angehörigen finanziell haften müssen.

Seit der Konfrontation mit den Kolonialmächten im 18. Jahrhundert ist das islamische Recht nicht mehr zur Ruhe gekommen. Ab dem 19. Jahrhundert erfolgte breitflächig eine Fülle von Reformen, die noch keinen Abschluss gefunden haben. Gesetzliche Festlegungen, die Einführung von Normen, die Zentralisierung und Zurückdrängung des Gewohnheitsrechts sind hierfür Stichworte. Inhaltliche Änderungen stützen sich großenteils auf den umfangreichen Einsatz eigenständigen juristischen Raisonnements (Idschtihad) und die Kompetenz der politischen Machthaber zur Staatslenkung. Wo das klassische Recht keine (ausgeformten) Regelungen bereithielt, wurden und werden oft «Anleihen» bei anderen Gesetzgebern gemacht. In einzelnen Staaten hat man sich gänzlich vom islamischen Recht abgewandt, hat aber gelegentlich noch mit rechtskulturellen Reminiszenzen zu tun.

Die große Mehrheit neuzeitlicher muslimischer Autoren unterscheidet zwischen ewiggültigen Grundlagen der Scharia und Einzelregelungen, die zeit- und ortsbezogen sind und deshalb auch dem Wandel der Zeiten und Lebensverhältnisse unterliegen. Ansätze hierfür finden sich bereits in der klassischen Literatur: Das hochkomplexe und pluralistische islamische Normensystem stellt geradezu das Gegenteil eines festgefügten Gesetzbuchs dar. Es bietet ein hohes Maß an Anpassungsfähigkeit, ohne dabei völlig beliebig zu werden. Häufig werden nur solche Gebote, die auch nach westlichem Verständnis der Religion zuzurechnen sind, als ewiggültig betrachtet (z. B. Gebets- und Speisevorschriften), während Rechtsvorschriften zu einem erheblichen Teil oder gar insgesamt als zeitgebunden eingestuft werden.

Insofern besteht kein fundamentaler Unterschied zu säkularen Rechtsstaaten, die ihrerseits einen Grundbestand von Rechten (Menschenrechten) für unantastbar erklären, also dem demokratischen Mehrheitswillen entziehen. In wichtigen Rechtsbereichen liegen die Ansichten nicht weit auseinander, so in weiten Teilen des Bürgerlichen Rechts. Islam-rechtliches Wirtschaften hat geradezu Konjunktur auch im Westen, soweit es das Verbot von Spekulationsgeschäften nicht nur formell, sondern auch inhaltlich einhält.

In anderen Bereichen sind nach wie vor erhebliche Gegensätze zu verzeichnen, insbesondere bei der Gleichberechtigung der Geschlechter und Religionen. Die «islamischen» Menschenrechtserklärungen, in denen die Menschenrechte unter einen praktisch unbegrenzten Scharia-Vorbehalt gestellt werden, sind deshalb kein substantieller Fortschritt. Mögliche Ansätze finden Islamgelehrte unserer Tage in einer Neuinterpretation der grundlegenden Güter, die das islamische Recht schützen soll; neben Person, Nachwuchs, Verstand und Vermögen zählt dazu das mit «Din» beschriebene Rechtsgut, das manche nun als «Allgemeinwohl» übersetzen und das für alle Menschen gleichermaßen gelte. Freilich harren solche Ansätze noch einer breiteren Durchsetzung. Es mehren sich jedoch unterstützende Stimmen. Diese sind besonders stark in denjenigen Regionen, in denen Muslime seit langem mit großen nicht-muslimischen Bevölkerungsteilen zusammenleben oder, wie auf dem Balkan, ihr Leben auf der Basis säkularer Rechtsordnungen eingerichtet haben. Noch nicht abzuschätzen sind die Auswirkungen der breiten Freiheitsbewegung in vielen Staaten der arabischen Welt. Vermutlich werden mittelfristig deutlich mehr Freiheitsrechte durchgesetzt werden können, was die menschenrechtlichen Konfliktpotentiale vor allem im Bereich der Bürgerrechte vermindern würde.

Viele rechtlich relevante Themen werden seit längerem kaum mehr unter islamischen Vorzeichen diskutiert. Im Völkerrecht verstehen sich islamisch geprägte Staaten schlicht als Teil der Weltgemeinschaft; die frühere Gegensatzbildung zwischen Orient und Okzident scheint im Orient außerhalb von Extremistenkreisen mehr noch als im Okzident Vergangenheit zu sein. Ebenso wird keine nennenswerte *islamisch* geprägte rechtspolitische Debatte über Staats- und Verwaltungsstrukturen oder auch über Regelungen des Verhältnisses zwischen Staat und Privatwirtschaft geführt. Das zeigt, dass das islamische Recht offenbar keineswegs Detaillösungen für alle denkbaren Rechtsbereiche bereithält oder auch nur diesen Anspruch erhebt. Vielmehr war und ist es ein wichtiges kulturprägendes Element der islamischen Welt, das sich seit seiner Entstehungszeit in fortwährendem Wandel befindet. Wie überall auf der Welt werden solche Entwicklungen bestimmt von sozialen und wirtschaftlichen Lebensumständen, kulturellen Besonderheiten und rechtsethischen Überzeugungen. Auch wenn nach islamischer Normenlehre theoretisch Gott als Gesetzgeber gelten mag, so sind es doch Menschen mit ihren beschränkten Erkenntniskräften und ihrer individuellen Prägung, welche die Anwendung und Entwicklung des Rechts maßgeblich beeinflussen. Die islamische Normenlehre prägt das Bild vom Menschen als Stellvertreter Gottes auf Erden (Chalifat Allah fi-l ard). Er also trägt die Verantwortung für die Suche nach der jeweils gerechten Lösung.

Literaturhinweise

Die Hinweise beschränken sich auf die wichtigsten Titel in europäischen Sprachen sowie die zitierten Quellen.

Allgemeines

Bobzin, Hartmut: Der Koran. Eine Einführung, 7. Aufl. München 2007
-: Mohammed, 4. Aufl. München 2011
Ende, Werner/Steinbach, Udo: Der Islam in der Gegenwart, 5. Aufl. München 2006
Endreß, Gerhard: Der Islam. Eine Einführung in seine Geschichte, 3. Aufl. München 1997
Fyzee, Asaf A. A.: Outlines of Muhammadan Law, Oxford 1949 und zahlreiche Nachdrucke
Halm, Heinz: Der Islam. Geschichte und Gegenwart, 8. Aufl. München 2011
Kamali, Mohammed Hashim: Principles of Islamic Jurisprudence, 2. Aufl. Petaling Jaya 1999
Rohe, Mathias: Das islamische Recht. Geschichte und Gegenwart, 3. Aufl. München 2011 (mit einem 35 Seiten umfassenden Verzeichnis der einschlägigen verwendeten Literatur einschließlich einer Fülle arabischsprachiger Quellen)

1. Islam, Scharia und Recht: die Grundlagen

An-Na'im, Abdullahi: Islam and the Secular State, Cambridge/Mass. u. a. 2008
Al-Asch'ari, Ali: Risala, Beirut 1953 (zitiert S. 95)
Hallaq, Wael B.: Shari'a. Theory, Practice, Transformations, Cambridge u. a. 2009
Ibn Chaldun, Abdarrahman: Al-Muqaddima, Ausgabe al-maktaba al-taufiqiya, ohne Jahr (zitiert S. 494, Übersetzung d. Verf.); eine deutsche Teilübersetzung hat Alma Giese vorgelegt (Ibn Khaldun, Die Muqaddima, München 2011)
Johansen, Baber: Contingency in a Sacred Law. Legal and Ethical Norms in the Muslim Fiqh, Leiden u. a. 1999

2. Entwicklung, Quellen und Methoden

Burton, John: The Sources of Islamic Law. Islamic theories of abrogation, Edinburgh 1990

Coulson, Noel: A History of Islamic Law, Edinburgh 1964

Hallaq, Wael B.: A History of Islamic Legal Theories, Cambridge 1997

-: The Origins and Evolution of Islamic Law, Cambridge 2005

Ibn Kathir, Ismail: Tafsir, 9 Bde., Beirut 1419–1426/1998–2005 (zitiert Bd. 1, S. 521)

Khadduri, Majid: Al-Shafi'is Risala. Treatise on the Foundations of Islamic Jurisprudence, Baltimore 1961

Krawietz, Birgit: Hierarchie der Rechtsquellen im tradierten sunnitischen Islam, Berlin 2002

Löschner, Harald: Die dogmatischen Grundlagen des schi'itischen Rechts, Köln 1971

Muslehuddin, Mohammad: Islamic Jurisprudence and the Rule of Necessity and Need, New Delhi 1982

Schaltut, Mahmud: al-Islam 'aqida wa schari'a, 17. Aufl. Kairo 1997 (zitiert S. 280 f.)

Al-Sarahsi: Kitab al-mabsut, 30 Bde., Beirut 1406/1986 (zitiert Bd. 26, S. 59, 84–86, Bd. 27, S. 8)

Stewart, Devin J.: Islamic Legal Orthodoxy: Twelver Shiite Responses to the Sunni Legal System, Salt Lake City 1998

3. Wesentliche Inhalte des klassischen islamischen Rechts

Coulson, Noel: Conflicts and Tensions in Islamic Jurisprudence, Chicago 1969

Fattal, Antoine: Le statut legal des non-Musulmans en pays d'Islam, Beirut 1958

Gidal, Nachum T.: Die Juden in Deutschland von der Römerzeit bis zur Weimarer Republik, Köln 1997 (zitiert S. 43)

Hatschek, Julius: Der Musta'min, Berlin u. a. 1919

Khadduri, Majid: The Islamic Law of Nations. Shaybanis Siyar, Baltimore 1966

Köhler, Michael A.: Allianzen und Verträge zwischen fränkischen und islamischen Herrschern im Vorderen Orient, Berlin u. a. 1991

Krüger, Hilmar: Fetwa und Siyar: Zur internationalrechtlichen Gutachtenpraxis des osmanischen Şeih ül-Islam vom 17. bis 19. Jahrhundert unter besonderer Berücksichtigung des Behcet ül-Fetava, Wiesbaden 1978

Müller, Christian: Gerichtspraxis im Stadtstaat Cordoba. Zum Recht der Gesellschaft in einer malikitisch-islamischen Rechtstradition des 5./11. Jahrhunderts, Leiden u. a. 1999

Peters, Rudolph: Jihad in Classical and Modern Islam, 2. Aufl. Princeton 2009

Scholz, Peter: Malikitisches Verfahrensrecht. Eine Studie zu Inhalt und Methodik der Scharia mit rechtshistorischen und rechtsvergleichenden Anmerkungen am Beispiel des malikitischen Verfahrensrechts bis zum 12. Jahrhundert, Frankfurt a. M. u. a. 1997

Tyan, Émile: Institutions du Droit Public Musulman, Beirut 1999

Wichard, Johannes Christian: Zwischen Markt und Moschee. Wirtschaftliche Bedürfnisse und religiöse Anforderungen im frühen islamischen Vertragsrecht, Paderborn u. a. 1995

4. Reformen seit dem 19. Jahrhundert

Abu Zaid, Nasr Hamid: Ein Leben mit dem Islam, 2. Aufl. Freiburg i. Br. 2001

-: Gottes Menschenwort. Für ein humanistisches Verständnis des Koran, Freiburg i. Br. 2008

Al-Alwani, Taha Jabir/Khalil, Imad al-Din: Der Koran und die Sunnah, Raum Zeit Faktor, Köln 2002

Anderson, J. N. D.: Islamic Law in the Modern World, New York 1959

Arkoun, Mohammed: Islam: To Reform or to Subvert?, London 2006

El-Awa, Mohamed: Punishment in Islamic Law, Indianapolis 1982 (zitiert S. 137 f.)

Bälz, Kilian: Islamische Finanzierungen in Deutschland?, in: Schneider, Irene/Hanstein, Thoralf (Hg.): Beiträge zum islamischen Recht V, Frankfurt a. M. u. a. 2006, S. 225–237

Balić, Smail: Ruf vom Minarett, 3. Aufl. Hamburg 1984 (zitiert S. 88, 90)

Barlas, Asma: «Believing Women» in Islam. Unreading Patriarchal Interpretations of the Qur'an, Austin 2002

Bassiouni, Cherif (Hg.): The Islamic Criminal Justice, London 1982

Brohi, Allah Bukhsh Karimbukhsh: Einführung, in: Said Ramadan, Das islamische Recht, 2. Aufl. Marburg 1996, S. 11–20 (zitiert S. 18 f.)

Bundesministerium für Familie, Senioren, Frauen und Jugend (H. Bielefeldt): Zwangsverheiratung in Deutschland, Baden-Baden 2007

Ebert, Hans-Georg: Das Personalstatut arabischer Länder, Frankfurt a. M. u. a. 1996

Engineer, Asghar Ali: The Rights of Women in Islam, New York, Nachdruck London 1996

Feener, R. Michael/Cammack, Mark E. (Hg.): Islamic Law in Contemporary Indonesia, Cambridge/Mass. 2007

al-Ghazali, Muhammad: kitab al-mustasfa, 2 Bde. Kairo 1904 (hier zitiert Bd. 1, S. 345 ff.; Bd. 2, S. 393)

Hadler, Gordon: Modernes politisches Ifta' am Beispiel von ägyptischen Fatwas zu Friedensverträgen mit Israel, in: Ebert, Hans-Georg/Hanstein, Thoralf (Hg.): Beiträge zum Islamischen Recht III, Frankfurt a. M. u. a. 2003, S. 101–128

Hashmi, Taj: Women and Islam in Bangladesh, Basingstoke 2000, 96 ff. (hier zitiert S. 98, 209)

Al-Kabbaschi, Taha: tatbiq al-schari'at al-islamiya fi l-Sudan, Kairo 1986 (hier zitiert S. 75–77)

Kamali, Hashim: Freedom, Equality, and Justice in Islam, Petaling Jaya/Markfield 1999

Karčić, Fikret: Applying the Shari'ah in Modern Societies: Main Developments and Issues, Islamic Studies 40:2 (2001), S. 207–226

Köndgen, Olaf: Das islamisierte Strafrecht des Sudan. Von seiner Einführung 1983 bis Juli 1992, Hamburg 1992

Krämer, Gudrun: Gottes Staat als Republik. Reflexionen zeitgenössischer Muslime zu Islam, Menschenrechten und Demokratie, Baden-Baden 1999

Krüger, Hilmar: Grundzüge des Privatrechts der Vereinigten Arabischen Emirate, in: Ebert, Hans-Georg/Hanstein, Thoralf (Hg.): Beiträge zum Islamischen Recht VI, Frankfurt a. M. u. a. 2007, S. 101–134

Lamchichi, Abderrahim: Femmes et Islam: L'impératif universel d'égalité, Paris 2006

Mahmood, Tahir: Statute-Law Relating to Muslims in India, Neu-Delhi 1995

Mir-Hosseini, Ziba: The Construction of Gender in Islamic Legal Thought: Strategies for Reform, in: Nik Noriani Badli Shah (Hg.): Islamic Family Law and Justice for Muslim Women, Petaling Jaya 2003, S. 95–118 (hier zitiert S. 111)

Monsoor, Taslima: From Patriarchy to Gender Equity: Family Law and Its Impact on Women in Bangladesh, Dhaka 1999

Müller, Lorenz: Islam und Menschenrechte. Sunnitische Muslime zwischen Islamismus, Säkularismus und Modernismus, Hamburg 1996

Muñoz, Gema Martín (Hg.): Islam, Modernism and the West, London u. a. 1999

Nelle, Dietrich: Neue familienrechtliche Entwicklungen im Maghreb, StAZ 2004, S. 253–269

Öztürk, Yaşar Nuri: 400 Fragen zum Islam – 400 Antworten (übersetzt aus dem Türkischen von Nevfel Cumart), Düsseldorf 2000

Peters, Rudolph: Crime and Punishment in Islamic Law. Theory and Practice from the Sixteenth to the Twenty-first Century, Cambridge 2005

Poya, Abbas: Anerkennung des Igtihad – Legitimation der Toleranz, Berlin 2003

Rahman, Fazlur: Major Themes of the Qur'an, Minneapolis u. a. 1980

Roald, Anne: The Wise Men, Democratization and Gender Equalization in the Islamic Message …, Encounters 7 (2001), 29–55 (zu Ahmad al-Kubaisi)

Rohe, Mathias: Islam und Menschenrechte, in: Nawrath, Thomas/Hildmann, Philipp W. (Hg.): Interkultureller Dialog und Menschenrechte, Nordhausen 2010, S. 141–168

-: Alternative Dispute Resolution under the Auspices of Religious Norms, RELIGARE working paper January 2011, abrufbar unter http://www.religareproject.eu/content/alternative-dispute-resolution-europe-under-auspices-religious-norms

Al-Schatibi, Abu Ishaq: al-muwafaqat fi usul al-schari'a, 4 Bde., Saida 2000 (hier zitiert Bd. 2, S. 7 ff.)

«Saudi man kills daughter for converting to Christianity», abgerufen am 20.07.12 unter http://archive.gulfnews.com/articles/08/08/12/10236558. html

Shaham, Ron: Family and the Courts in Modern Egypt. A Study Based on Decisions by the Shari'a Courts 1900–1955, Leiden u. a. 1997

Shehadeh, Lamia Rustum: The Idea of Women in Fundamentalist Islam, Gainesville u. a. 2007

Skovgaard-Petersen, Jakob: Defining Islam for the Egyptian State. Muftis and Fatwas of the Dar al-Ifta, Leiden u. a., 1997

Sonbol, Amira El Azhary (Hg.): Women, the Family, and Divorce Laws in Islamic History, Syracuse 1996

Sütçü, Filiz: Zwangsheirat und Zwangsehe. Falllagen, rechtliche Beurteilung und Prävention, Frankfurt a. M. 2009

Taştan, Osman: Hüseyin Atay's approach to understanding the Qur'an, in: Taji-Farouki, Suha (Hg.): Modern Muslim Intellectuals and the Qur'an, London 2004, S. 241–262

Venardos, Angelo: Islamic Banking in South-East Asia, New Jersey u. a. 2005

Wadud, Amina: Inside the Gender Jihad. Women's Reform in Islam, Oxford 2006

Welchman, Lynn (Hg.): Women's Rights and Islamic Family Law, London u. a. 2004

Würth, Anna: As-Sari'a fi Bab al-Yaman. Recht, Richter und Rechtspraxis an der familienrechtlichen Kammer des Gerichts Süd-Sanaa (Republik Yemen) 1983–1995, Berlin 2000

Yamani, Mai (Hg.): Feminism and Islam, New York 1996

Yassari, Nadjma: Das iranische Familienrecht und seine Anwendung im Teheraner Familiengericht, in: Tellenbach, Silvia/Hanstein, Thoralf (Hg.): Beiträge zum Islamischen Recht IV, Frankfurt a. M. u. a. 2004, S. 59–76

5. Islamisches Recht in Deutschland und Europa

Aluffi, Roberta/Zincone, Giovanna (Hg.): The Legal Treatment of Islamic Minorities in Europe, Leiden 2004

Basedow, Jürgen/Yassari, Nadjma (Hg.): Iranian Family and Succession Laws and their Application in German Courts, Tübingen 2004

Bielefeldt, Heiner: Muslime im säkularen Rechtsstaat, Bielefeld 2003

Büchler, Andrea: Islamic Law in Europe? Legal Pluralism and Its Limits in European Family Laws, Farnham 2011

Bundesamt für Migration und Flüchtlinge (Haug/Müssig/Stichs), Muslimisches Leben in Deutschland, Nürnberg 2009

Decker, Oliver, u. a.: Die Mitte in der Krise. Rechtsextreme Einstellungen in Deutschland 2010, Berlin 2010 (Friedrich-Ebert-Stiftung), (hier zitiert S. 134)

Ferrari, Silvio/Bradney, Anthony (Hg.): Islam and European Legal Systems, Aldershot u. a. 2000

Foblets, Marie-Claire, u. a. (Hg.): Cultural Diversity and the Law, Brüssel 2010

Hoevels, Niloufar: Islam und Arbeitsrecht, Köln 2003

Horst, Eberhard: Der Sultan von Lucera. Friedrich II. und der Islam, Freiburg i. Br. u. a. 1997

Idriz, Benjamin: Grüß Gott, Herr Imam. Eine Religion ist angekommen, München 2010

Pattar, Andreas Kurt: Islamisch inspiriertes Erbrecht und deutscher Ordre Public, Berlin 2007

von Campenhausen, Axel/de Wall, Heinrich: Staatskirchenrecht, 4. Aufl. München 2006

Wegen, Gerhard/Wichard, Johannes Christian: Islamische Bankgeschäfte, RIW 1995, S. 826–830

Wurmnest, Wolfgang: Die Brautgabe im Bürgerlichen Recht, FamRZ 2005, S. 1878–1885

6. Perspektiven

Arkoun, Muhammad: Islam: To Reform or to Subvert?, London 2006

Schahrur, Muhammad: al-kitab wa l'qur'an, qira'a mu'asira, 6. Aufl. Damaskus 1994

Register